著者近切り（切り絵ニワノヒロミ）

まだ好き…

続・絵本とおもちゃの日々

注意

この本は、毎年サンタクロースに
プレゼントをもらっている子は
読んではいけません！

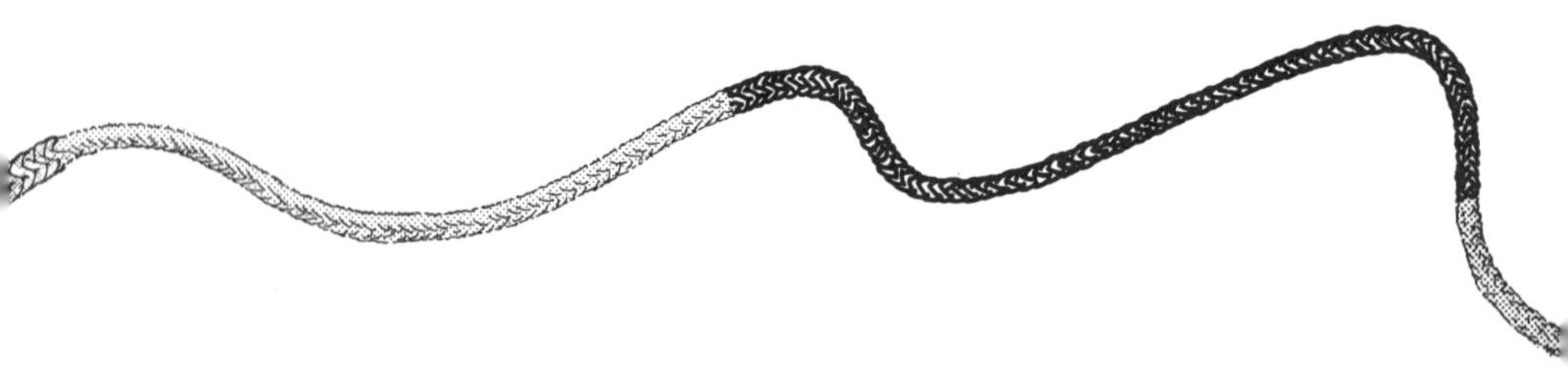

目次

まえがき……6

絵本とおもちゃの日々……8

マイフェイバリットネフ……57

ドイツのおもちゃの旅……120

エッセイ

もっと遊びを……20

形の原理について……32

遊びを保育の中心に……44

私はメルトイ製品をネフ・デザインと認めない……74

ネフ遊び……94

あとがき……135

まえがき

本書は一九九四年刊行の『好きッ！絵本とおもちゃの日々』（エイデル研究所）の続編である。前著と同様、子育て漫画というスタイルを借りた、絵本とおもちゃのガイドブックでもある。もし、初めて本書を手にした方がいらっしゃったら、是非とも前著を先にお読みいただきたいと思う。…まあ、作者の身勝手な願いであるが。

前著の『好きッ！』というタイトルは、「ッ」という促音に、エクスクラメーションマークまでついており、これは当時の私の、絵本とおもちゃへの強烈な想いを表していた。それに対して本書は『まだ好き』の後に「…」。この三つの点が何を表しているかというと、あれから六年、絵本とおもちゃが好きなのはもう当たり前の日常なのだが、あえてもう一度言ってみた、というニュアンスなのである。『やっぱり好き…』でも良かったかな？

さて、この文章を書いている二〇〇〇年現在、新聞を見ると未成年者の犯罪の増加が、極めて深刻な社会問題となっている。十七歳がキーワードだとか…。ファミコンが発売されて今年でちょうど十七年。バーチャルと現実を混同した若者たちを見るたび、私は、”遊びの変質と不在“を思わずにはいられない。積み木やごっこ遊びは、今や昔の遊びと化してしまったのだろうか？　そんなはずはない！　子どもを取り巻く環境は、ＴＶや電子ゲームの普及を今さら指摘するまでもなく、増々落ちつきのないものになってきている。子どもにとっては苛酷でツライ時代だと思う。また、親、特に母親の孤立も私には気になる。（父親がその原因である場合が多いが…）そして保育園・幼稚園という幼児教育の現場も、長い迷走を続けているように思えてならない。

本書は、そんな時代の中で私流の子育てを淡々と綴ったものである。私は、絵本とおもちゃという道具によって、自分の子育てが楽しいものになったし、随分助けられもしたと思っている。もちろん、子育てが楽しいことばかりじゃないなんてことは百も承知だが、ここに描いた漫画は、私なりの楽しい子育て日記なのである。

また、本書は私の「子育てを少しでも楽に愉しくする為の、ささやかな提案」でもあると思っている。本書を読んでくれた方が、多少なりとも（子どもとかかわる事って案外面白いわね）とか、（私も自分流に楽しくやろう）と思って下されば、作者として、とてもうれしく思う。もちろん、ある苛酷な状況に置かれた親や子を、本書が救えるか？と問われれば否。あくまで「ささやかな提案」だし、漫画である以上まずは娯楽でありたいと思っている。

さあ、『好きッ！』から六年、「続編はまだなの？」と、お問い合わせ下さった多くの心優しい皆様、本当にお待たせ致しました。相沢流愉しい子育て漫画第二弾『まだ好き…』、はじまりはじまりィ…。

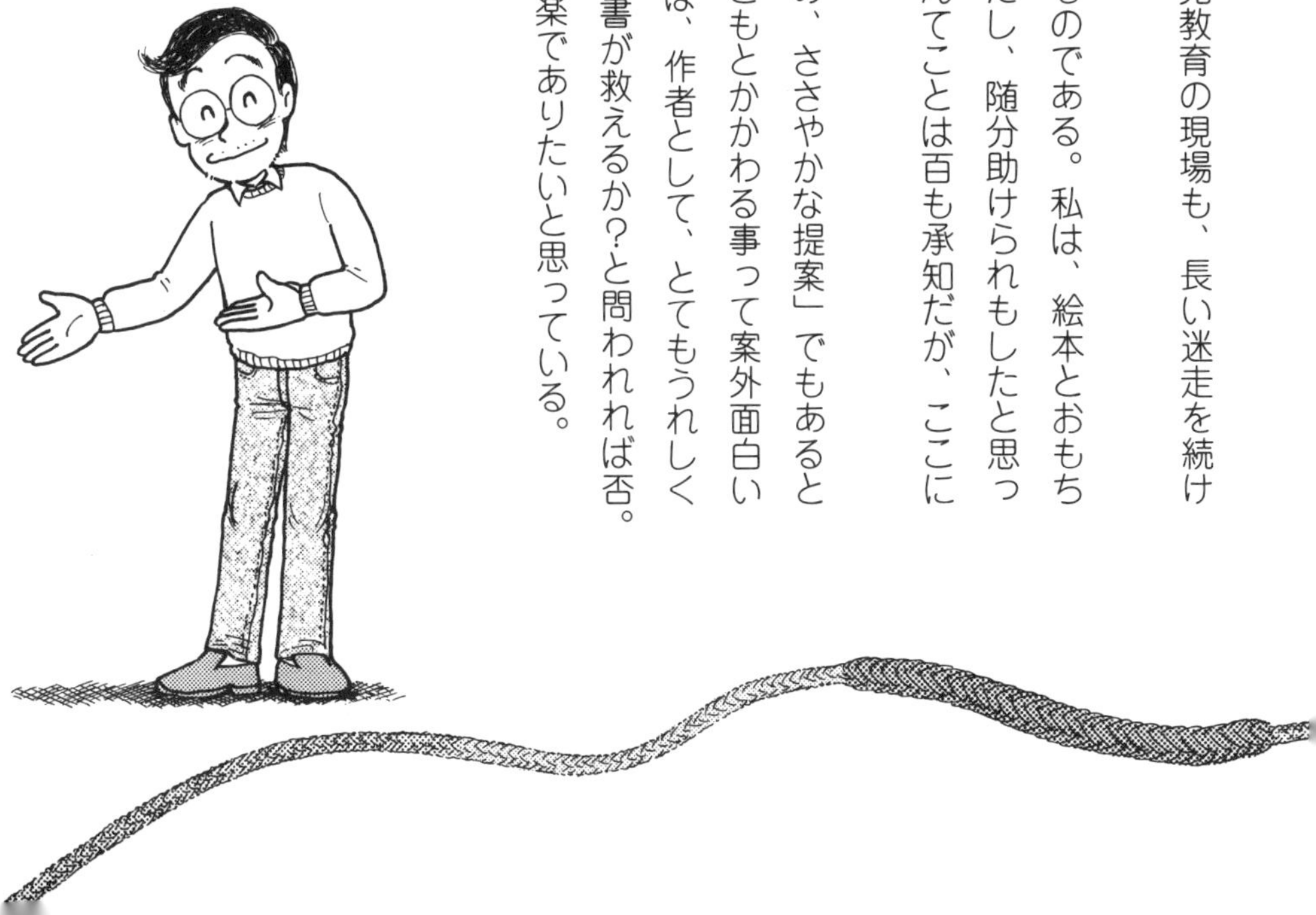

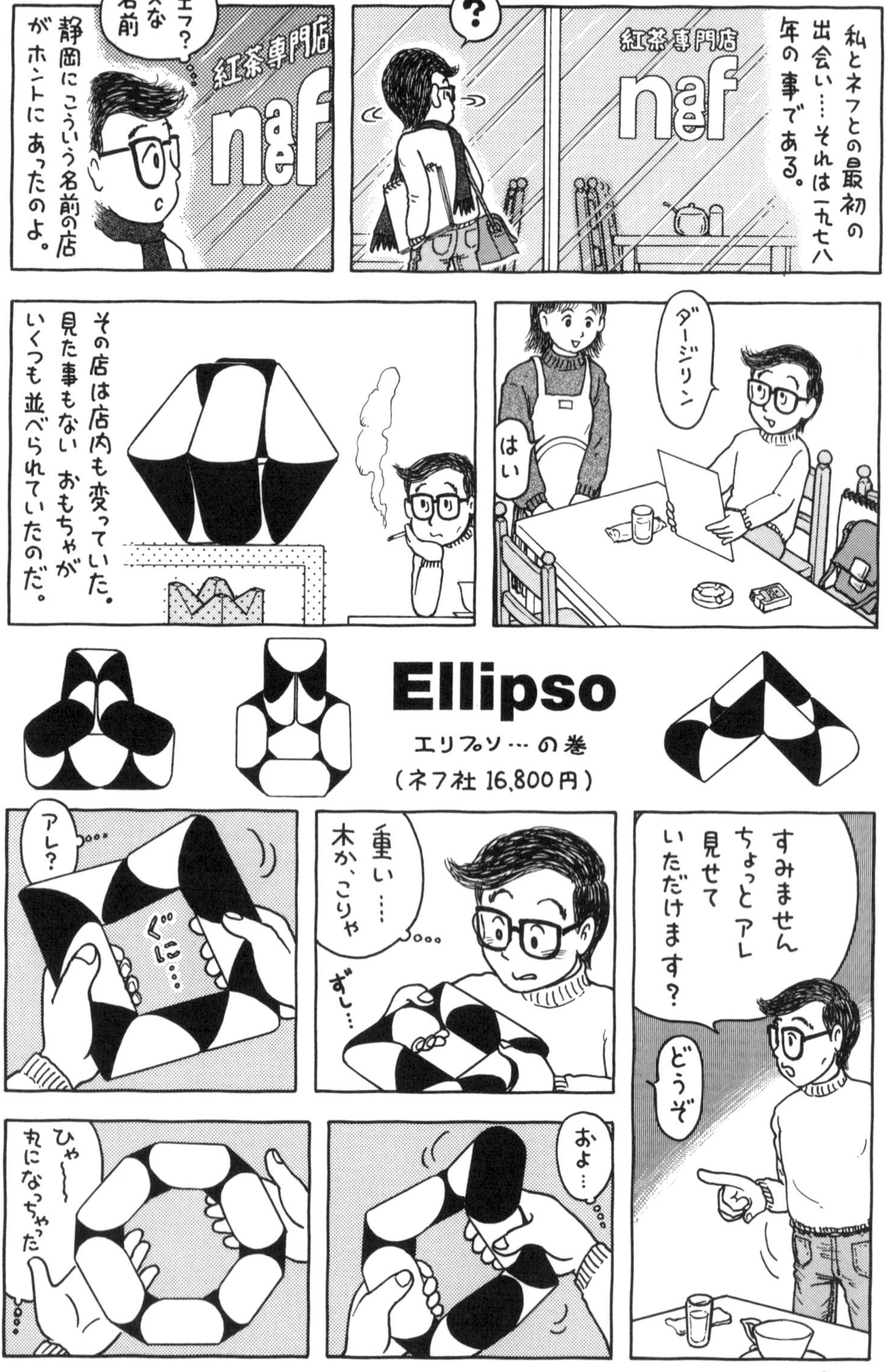
私とネフとの最初の出会い……それは一九七八年の事である。
紅茶専門店
naf
?
ナエフ？
変な名前
紅茶専門店
naf
静岡にこういう名前の店がホントにあったのよ。
ダージリン
はい
その店は店内も変っていた。見た事もない　おもちゃがいくつも並べられていたのだ。
Ellipso
エリプソ…の巻
（ネフ社 16,800円）
すみません
ちょっとアレ
見せて
いただけます？
どうぞ
重い……
木か、こりゃ
ずし…
アレ？
ぐに…
およ…
ひゃ〜〜
丸になっちゃった

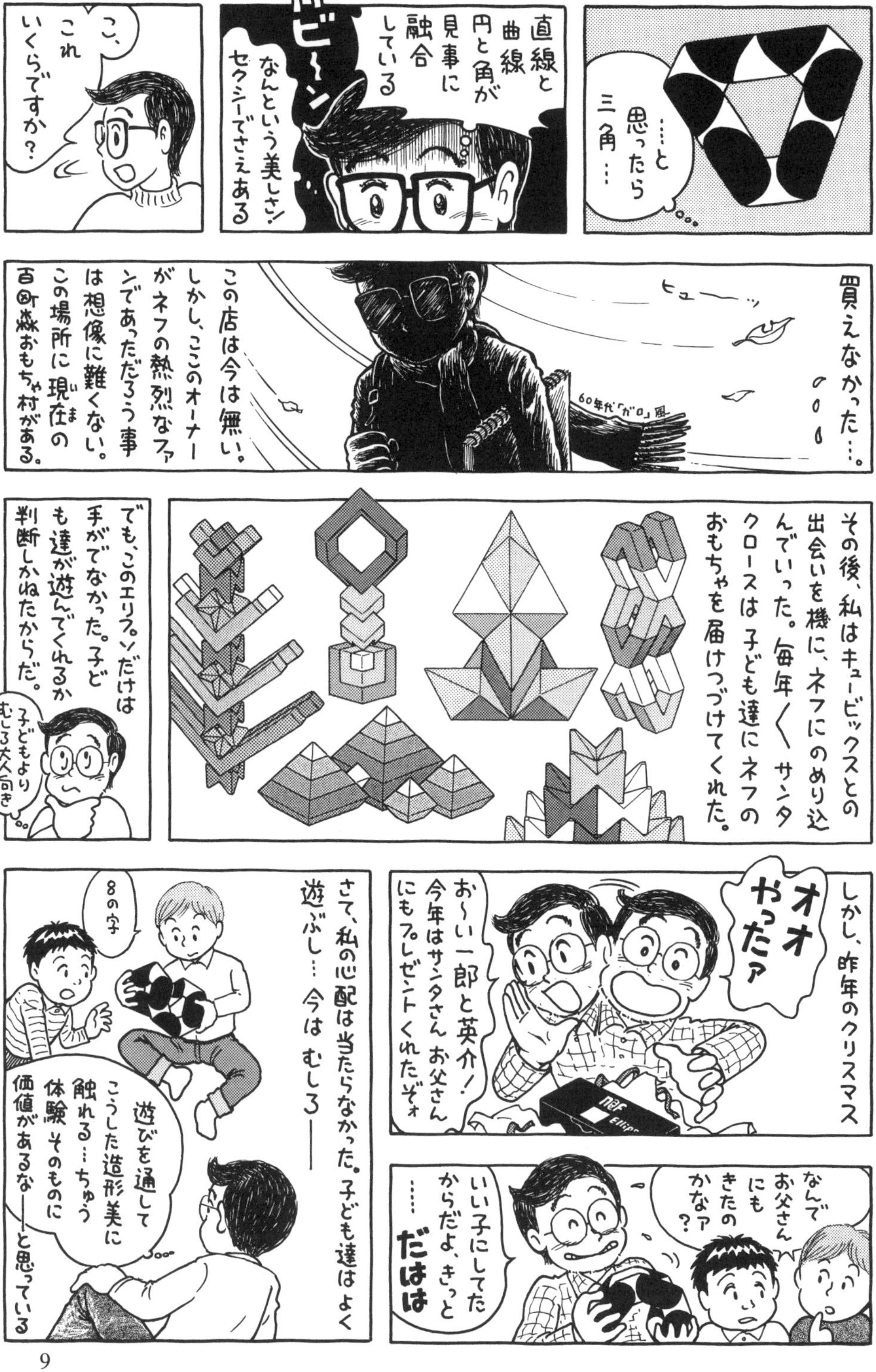
……と
思ったら
三角…
直線と
曲線
円と角が
見事に
融合
している
ガビ〜ン
なんという美しさ! セクシーでさえある
こ、これ いくらですか?
買えなかった…。
ヒュ〜〜ッ
60年代「ガロ」風
この店は今は無い。しかし、ここのオーナーがネフの熱烈なファンであっただろう事は想像に難くない。この場所に現在《いま》の百町森おもちゃ村がある。
その後、私はキュービックスとの出会いを機に、ネフにのめり込んでいった。毎年〈 サンタクロースは子ども達にネフのおもちゃを届けつづけてくれた。
でも、このエリプソだけは手がでなかった。子ども達が遊んでくれるか判断しかねたからだ。
子どもよりむしろ大人向きかも…
しかし、昨年のクリスマス
オオ おったァ
お〜い一郎と英介! 今年はサンタさん お父さんにもプレゼントくれたぞォ
nef
Ellipso
さて、私の心配は当たらなかった。子ども達はよく遊ぶし… 今は むしろ——
8の字
遊びを通して こうした造形美に 触れる…ちゅう 体験 そのものに 価値があるな——と思っている
なんで お父さん にも きたの かなァ?
いい子にしてた からだよ、きっと
……
だはは

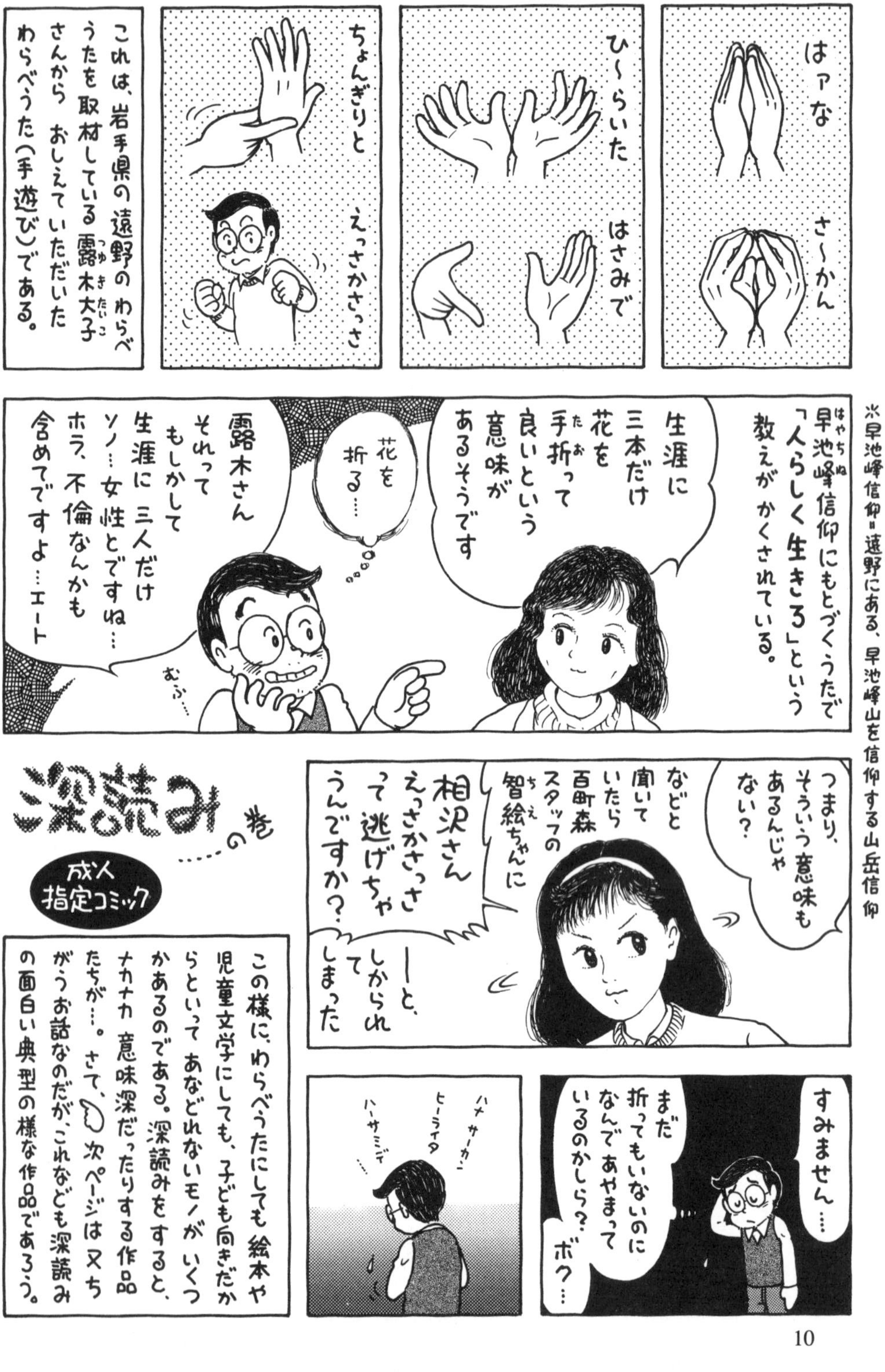
はァな
さ〜かん
ひ〜らいた
はさみで
ちょんぎりと
えっさかさっさ
これは、岩手県の遠野のわらべうたを取材している露木大子《つゆきたいこ》さんからおしえていただいたわらべうた(手遊び)である。
※早池峰信仰＝遠野にある、早池峰山を信仰する山岳信仰
早池峰《はやちね》信仰にもとづくうたで「人らしく生きろ」という教えがかくされている。
生涯に三本だけ花を手折《たお》って良いという意味があるそうです
花を折る…
露木さんそれってもしかして生涯に三人だけソノ…女性とですね…ホラ、不倫なんかも含めてですよ…エート
むふ…
つまり、そういう意味もあるんじゃない?
などと聞いていたら百町森スタッフの智絵《ちえ》ちゃんに
相沢さんえっさかさっさって逃げちゃうんですか?
—と、しかられてしまった
深読み……の巻
成人指定コミック
すみません…
まだ折ってもいないのになんであやまっているのかしら?
ボク?…
ハナサーカン
ヒーライタ
ハーサミデ…
この様に、わらべうたにしても絵本や児童文学にしても、子ども向きだからといってあなどれないモノがいくつかあるのである。深読みをすると、ナカナカ意味深だったりする作品たちが…。さて、☞次ページは又ちがうお話なのだが、これなども深読みの面白い典型の様な作品であろう。

ある所にクラッチさんという紳士がいた。
彼には美しい妻と子どもがいて 誰の目にも幸せに見えた。
もちろん彼自身も妻子を愛していた。
が、しかし 彼は道ならぬ恋に落ちてしまったのである。
妻と同様、それは美しい女性で、
Chu〜
彼女も又、クラッチさんを愛した。
しかし、そこは結ばれぬ運命の二人。妻にないしょの密会を重ねながら、
この人と生涯を共にする事はできないのだ
……
そう考えれば考えるほど 彼はつらく悲しんだ。倫理的に、又、社会的に正しくないとされていても
人を愛する事…それがそんなにいけないのか？ ボクは二人とも大好きなのに
その後の事は私は知らない。そもそもこのクラッチさんの話そのものが私の勝手な想像なのだ。
…が、この本！
“なんでもふたつ”さん
M・S・クラッチ 光吉夏弥／やく K・ビーゼ／え
M・S・クラッチ さく 光吉夏弥／やく K・ビーゼ／え 大日本図書 830円
子ども達に受ける事といったら太鼓判、表紙でいきなり笑いを取るこの本である。
なにアレ
へんなの〜
これなんか読むと、作者のクラッチさんてもしかして…と、私はつい思ってしまうのである。

自慢話は
嫌〜い〜
約束事は
これ〜い〜
……てな歌がありましたが、
ホント、自慢話って本人だけが気持ち良くて聞かされる方はウンザリですよね
んでもって今回のお題はですねェ……
うくく…
ぼくのじまん……の巻
ほんとは自慢話 好きなのね
(その1.にしちゃったりして)
私の自慢、それはコレダッ!
くんぺい ずっとずっと まえ
こたつ
はこ
のぼってのぼって
これらの本は全て手のひらにのっかる豆本なのね
福音館の『母の友』という雑誌に年一回(たま〜に二回)附録としてつくんですね……。
と、いっても製本は自分でやらなきゃならない。
きちんと作ろうと思うとけっこうたいへんなのね これが
作り方のページ
現在私が持っている豆本は18冊
一番古い本がこれ、昭和54年9月号の附録……。

当然とても愛着がある本達で、大事に箱に入れて保管してあるのですが…
スリスリ…
友里は勝手に箱をあけて、
お父さんこれ読んで
あ〜〜また勝手に……
口に出して言わない所がちょっと甘い…
よいしょ
そろそろ寝る時間だから、この3冊読んだらふとんへ入るんだよ
うん
で、読み終ると……
もう一冊だけ読んでからねる！
んも〜〜約束がちがうじゃないの
新大橋を渡るのは六間堀の二号さん
で、読み終ると……
あとこの本だけ読んだら寝る
おまえなァええかげんにせんと……
口に出して言わない所が…
さて、余談だが、この『母の友』、こいつは素晴らしい雑誌である。
これほど知的で、かつ堅苦しくなく、バランスのとれた親向き雑誌が他にあったろうか？
オット『げ・ん・き』があったか
母の友
福音館の顔の様な『こどものとも』より歴史は古いんだそうで、いよいよ500号！
『母の友』すごい！
400円は安い！
『母の友』エライ！
…てな訳で、ですね今年の4月号よりワタクシ、連載をさせてもらう事になりました。タイトルは「そしてアニメの日々」です。よろしく！
じまんばなしはきら〜い〜〜……っと
あ、コラまて！
誰の手？

漫画界の梁山泊と言われているトキワ荘、亡き手塚治虫を筆頭に、石森章太郎、赤塚不二夫、藤子不二雄といった現在の漫画界の重鎮達が、若かりし頃、共に住み、切磋拓磨した下宿である。彼らがここを出発点に売れ始め、漫画界の中心的な存在になってゆくと共に、漫画界も月刊誌から週刊誌の時代に移っていく。表現としての漫画は、良くも悪くも、このあたりを機に飛躍的な開化を見せ始めた。

　より強烈に……

　より過激に……

　それ以前、つまり少年漫画が月刊誌主流だった頃は、例えば、一月には正月の話題を、二月には節分の話題を、といった感じで、言ってみれば、のんびりほのぼのとしていた訳である。

手塚治虫氏描くところのトキワ荘…

殺してや
ぐえっ
ギャッ

　さて、漫画が変容していくこの時期に、断筆した一人のトキワ荘住人がいた。赤塚や藤子ら後輩から「テラさん」と慕われ、頼れる兄貴分だった寺田ヒロオである。代表作『スポーツマン金太郎』は、古き良き時代という言葉がピッタリの素直で前向きな心温まる作品である。今風に言えば、スポ根モノなのだが、熊がしゃべったりして、半分は童話なのである。そんな寺田の漫画への思いの根底にあるのは「健全娯楽」であったと思われる。変わっていく漫画が、寺田にはついていけなかったと同時に、耐えられなかったにちがいない。しかも、変わりゆく漫画界の中心に彼の後輩達がいたことも……。


　寺田断筆の後、私にとって、彼に最も近い感触の漫画家は、『キャプテン』の、ちばあきおだった（ちばが寺田の影響を受けたか否かは、全く知らないのだが……）。そのちばが自らの命を絶った日、私は寺田の断筆を思い出さずにはいられなかった。彼もまた、その時の漫画界に耐えられなかった一人ではなかったか……。

　ここで誤解のないように言っておきたいのは、この漫画の変容それ自体は、私は基本的には認めている。ひとつの文化の、当然あるべき進化なのだと考えるからである。

相沢康夫

ぬわぁ～んちゃって
いきなり長々と論文みたいなコト書いちゃったりして…
なにが始まったかと思ったでしょ？
すみませんね……これ、全部前フリなのね

何の前フリかってェと私の大好きな漫… イヤ 絵本作家の馬場のぼるさんについて書きたかった訳です
むぎゅ…

漫画界のこの過渡期に描けなく、又は描かなくなった漫画家は寺田さん以外にも大勢いたのですが
漫画界から別のメディアへ見事に転身した漫画家もいた訳でして…

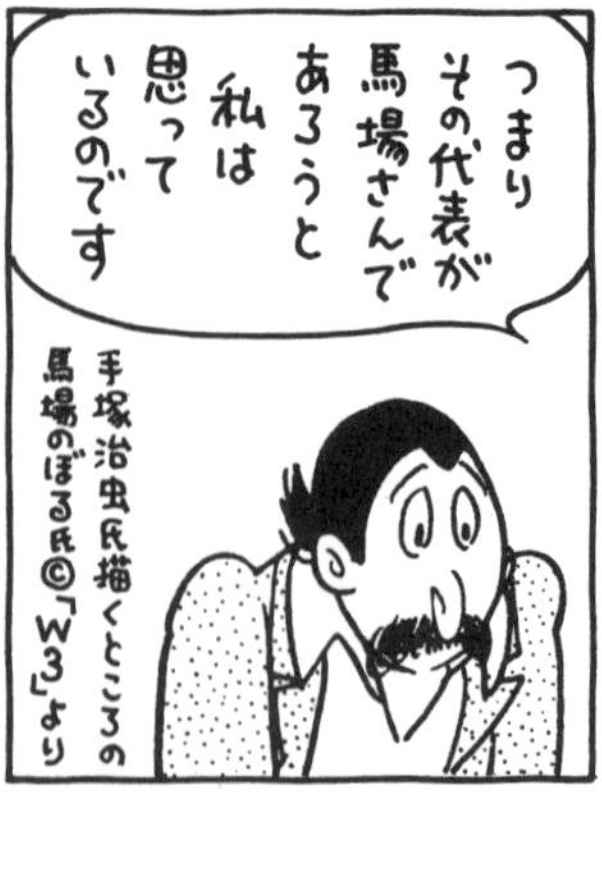
つまりその代表が馬場さんであろうと私は思っているのです
手塚治虫氏描くところの馬場のぼる氏©「W3」より

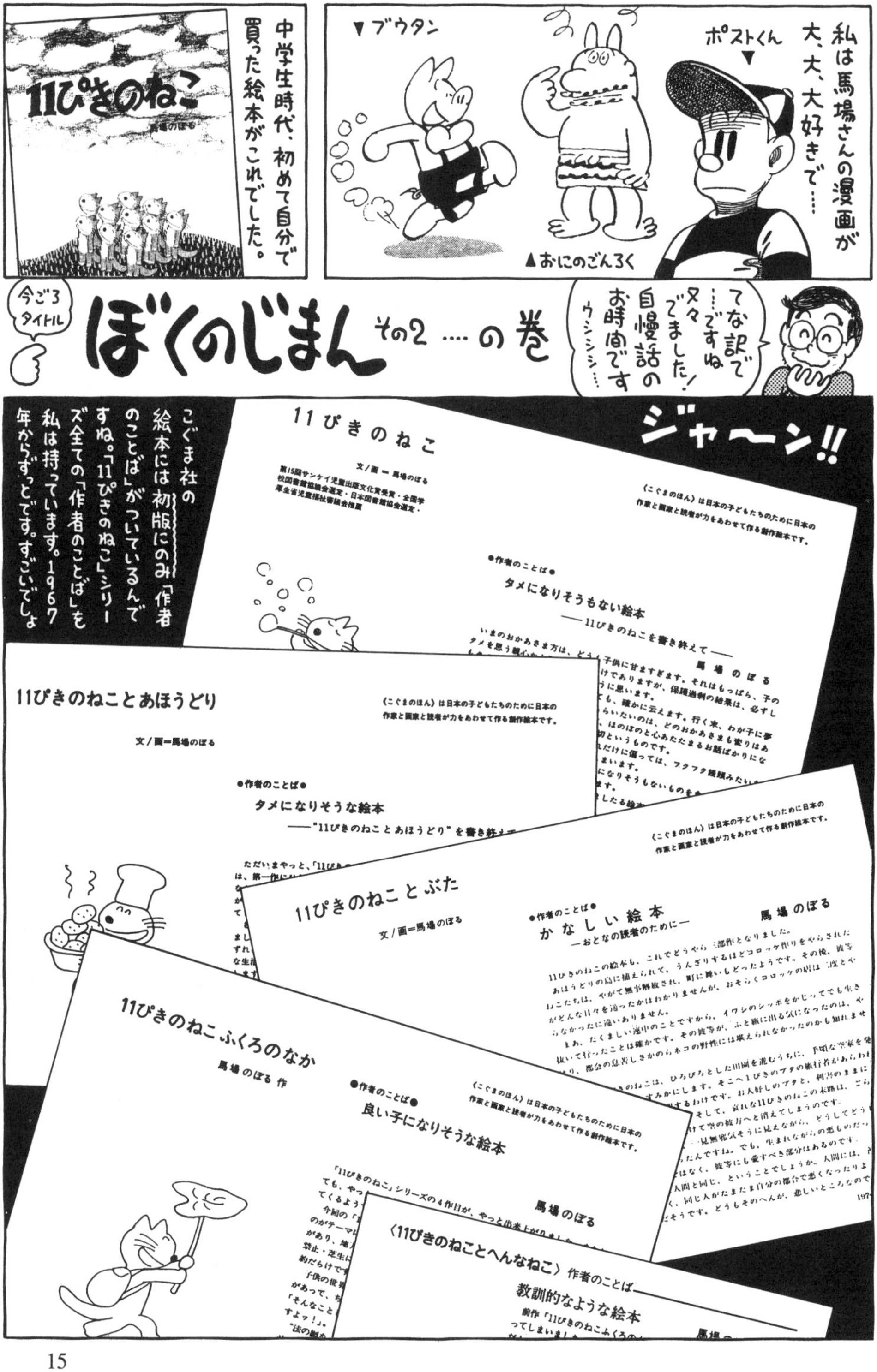

私は馬場さんの漫画が大、大、大好きで……
ポストくん▼
▼ブウタン
▲おにのごんろく
中学生時代、初めて自分で買った絵本がこれでした。
11ぴきのねこ
馬場のぼる
てな訳で……ですね
又々でました！
自慢話のお時間です
ウシシシシ……
ぼくのじまん その2 ……の巻
今ごろタイトル
ジャ〜ン!!
こぐま社の絵本には初版にのみ「作者のことば」がついているんですね。「11ぴきのねこ」シリーズ全ての「作者のことば」を私は持っています。1967年からずっとです。すごいでしょ
11ぴきのねこ
文／画 ― 馬場のぼる
第15回サンケイ児童出版文化賞受賞・全国学校図書館協議会選定・日本図書館協会選定・厚生省児童福祉審議会推薦
〈こぐまのほん〉は日本の子どもたちのために日本の作家と画家と読者が力をあわせて作る創作絵本です。
●作者のことば●
タメになりそうもない絵本
――11ぴきのねこを書き終えて――
馬場のぼる
11ぴきのねことあほうどり
〈こぐまのほん〉は日本の子どもたちのために日本の作家と画家と読者が力をあわせて作る創作絵本です。
文／画＝馬場のぼる
●作者のことば●
タメになりそうな絵本
――"11ぴきのねことあほうどり"を書き終えて
〈こぐまのほん〉は日本の子どもたちのために日本の作家と画家と読者が力をあわせて作る創作絵本です。
11ぴきのねことぶた
文／画＝馬場のぼる
●作者のことば●
かなしい絵本
―おとなの読者のために―
馬場のぼる
11ぴきのねこふくろのなか
馬場のぼる 作
●作者のことば●
良い子になりそうな絵本
〈こぐまのほん〉は日本の子どもたちのために日本の作家と画家と読者が力をあわせて作る創作絵本です。
馬場のぼる
〈11ぴきのねことへんなねこ〉作者のことば
教訓的なような絵本

グリムの噺《はなし》
ようこそのおはこびで…… エ～ のっけからなんですがクイズ
やらさしていただきます 白雪姫は何才でしょう？
18才くらいかしら？
もう少し若いんじゃない？ 15才とか、
残念ながらブッブ～～ なんですね これが… 正解は7オでした
『七歳までは夢の中』なんてェ事を申しますが ……あ、関係ないか……
で、この7オってとこにあたしはグリム童話の深さを感じる訳です ——と言うのも
7オと言えば小学校1、2年生ですよ あ～た
ねェ…
…で改めて考えてみるとォ……
齢《よわい》7オにしてすでに女性としての美しさ——
つまり、子どものかわいらしさではなくて ……デスネ
——を持った女の子っている様な気がするんですね あたしァ
ぽり
いや異論はあるかもしれない イロンなイロンが…… 中には「そりゃロリコンだ」なんてェ下衆な声も聞こえてきそうですが……
まあ白雪姫はそんな女の子だったとして、ですね…
さてある日魔法使いのまま母は絶対にウソを言わない鏡から「白雪姫はあなたの1,000倍、10,000倍美しい」と言われちゃうんですが
あたしには この魔法の鏡って ただの普通の鏡なんじゃないか ——と思えてしょうがないのね
まま母は鏡を見て そこに映った自分の姿に美の衰え—— …エッとォ目尻の小ジワとかね ——を発見し、もはや自分より娘の方が美しいと悟った……ちゅうのが真相なんじゃないかと思う訳です

そう考えると この物語の テーマのひとつは 「女性の美への 執着のすさまじさ」 じゃないか…と 思えてきますでしょ
エ？ きません？
ところで余談ですが グリムさんてェ人… 正確にはお二人ですが メルヒェンを 7回も 改訂してらっしゃるんですね
で、この白雪姫も モトのお話じゃ魔法使いは まま母じゃなくて 実の母親 だったてんだから あきれますね
つまり 世界一美しい女性が 結婚し、女の子を産みましてね…
歳月が流れて 女の子は 7才にしてもう色香漂う 美しい女性に成長し 一方、母親の方は… …てェ訳です
そう考えると スジが通ると言うか 遺伝的にみても リアリティーがあります
でも それじゃ あんまりだ …てんで グリムさん 第2稿から 実母を まま母に 改訂 するんですね
悪いのは みんなまま母、 でもそうなると 世の継母は うかばれないよね
なにしろこの 魔法使いの すさまじさったら 自分より 美しい者の 存在を 許せない！
キッ…
狩人に 白雪姫暗殺 を命じます
その証拠に 肺と肝を 持ってこい
――なんてね
狩人は白雪姫を 森へ連れてゆきますが 撃てない
そりゃ そうだわ…
しょうがないから イノシシを 撃って その肺と 肝を 魔法使いに 届ける
す、 すると ああ… この魔法使い ったら
あろうことか それを塩ゆでに して 喰っちゃったり するんですね
ホント すさまじい…

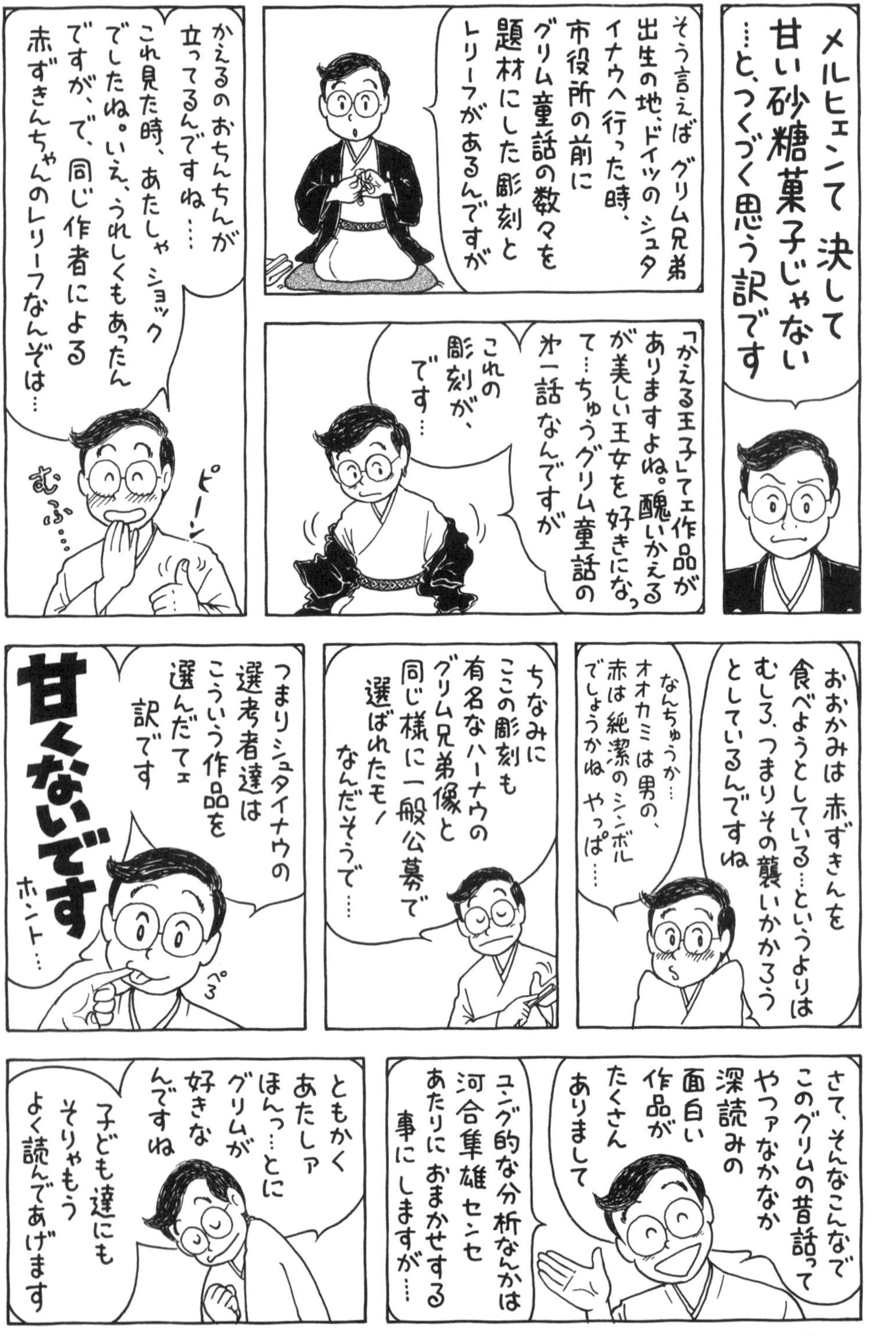
メルヒェンて 決して 甘い砂糖菓子じゃない …と、つくづく思う訳です
そう言えば グリム兄弟 出生の地、ドイツの シュタイナウへ行った時、市役所の前に グリム童話の数々を 題材にした彫刻と レリーフがあるんですが
「かえる王子」てェ作品が ありますよね。醜いかえるが美しい王女を好きになって…ちゅうグリム童話の第一話なんですが
これの 彫刻が、 です…
かえるのおちんちんが 立ってるんですね…。
これ見た時、あたしゃ ショック でしたね。いえ、うれしくもあったんですが、で、同じ作者による 赤ずきんちゃんのレリーフなんぞは…
ピーン
むふ…
おおかみは赤ずきんを 食べようとしている…というよりは むしろ、つまりその襲いかかろう としているんですね
なんちゅうか… オオカミは男の、赤は純潔のシンボル でしょうかね やっぱ…
ちなみに ここの彫刻も 有名なハーナウの グリム兄弟像と 同じ様に一般公募で 選ばれたモノ なんだそうで…
つまりシュタイナウの 選考者達は こういう作品を 選んだてェ 訳です
甘くないです
ホント…
ぺろ
さて、そんなこんなで このグリムの昔話って やつァなかなか 深読みの 面白い 作品が たくさん ありまして
ユング的な分析なんかは 河合隼雄センセ あたりに おまかせする 事に しますが…
ともかく あたしァ ほんっ…とに グリムが 好きな んですね
子ども達にも そりゃもう よく読んであげます

グリム関連書籍・あたしのお薦め…

●「ねむりひめ」
●「おおかみと七ひきのこやぎ」
（どちらも福音館書店、1,250円）
グリムの絵本と言えば 何と言ってもフェリクス・ホフマン！ 絵本のバイブルですね、これァ……。

●「白雪姫と七人の小人たち」（冨山房 1,350円）白雪姫の絵本はいくつかあるけど、私のイメージに最も近い白雪姫は、やはりバーカートの描くこの絵ですね。

●「グリム童話のふるさと」
（小澤俊夫 他、新潮社、1,300円）
いつの日かメルヘン街道を旅してみたい…と思っている方にオススメ。貴重な資料いっぱいの研究書でもあります。

●「グリムの昔話」
全6巻（佐々梨代子・野村泫、こぐま社、各1,500円）
訳も読みやすいし、サイズもいい。読み聞かせにはこのシリーズがピカイチ!!

●「グリム童話 子どもに聞かせてよいか」（野村泫、筑摩書房、1,100円）グリム童話を残酷だと思っているアナタに ぜひ読んでほしい。タイトルは問いかけだけど、もちろんグリム童話絶讃の本。

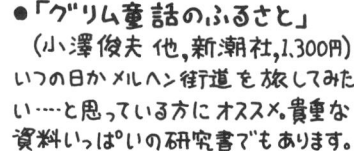

もっと遊びを！

幼児期、子どもにとって遊びは、生きることのすべてではないだろうかと思うことがある。本気で遊んでいる子どもを観察すると、彼らが自分の持てる集中力や想像力をフルに使っているのが見てとれる。体や手先を思いきり使い、結果として発達もうながしているはずだ。

また、親やきょうだいや友人との人間関係も、遊びを通してスムーズに形成されてゆく。大人の望む体や頭や心の発達を、最も効率よくうながすもの、それが遊びだろう。〈遊び〉が人間を作る、私はそう信じて疑わない。究極的には、〈遊び〉が「生きる力」をつけるとさえ思っている。

今の子どもたちをながめると、私には〔どうも、今ひとつ生きる力が弱いな〕と感じられてならない。生きる力が弱いというのは何もすぐ自殺を考えてしまうなんてことを指すだけではなく、簡単にキレたりコワレたりする子もそうだろうし、ヘンな新興宗教に走ってしまう若者を見ても、生きる力の薄弱さを私は感じてしまう。そんな若者や子どもたちを見て、いつも私が思うのは〔彼らは子ども時代、思う存分遊ぶという経験があっただろうか？〕ということである。動植物と触れ合いながら、思いきり体を動かして自然と戯れたり、家族や友人と将棋やトランプをしたことがあるんだろうか？……と。

カードゲームひとつ取ってみても、負ければ悔しい、次には勝ちたいと思うのが自然の感情で、そこからでも力はつくだろう。また我が次男英介が、積み木が思うように積めなくてカンシャクをおこし、「もうやらない!」と言い放っておきながら、いつしか再挑戦する姿を私は何度か見た。大げさでなく、その時英介は挫折をクリアしたはずだ。「さっきこわれちゃったのは、ここが悪かったのか、こう積めばできるもんね」と、知恵を使って新しい発見もしていった。

「積み木おじさんライブショー」という名の、芸人としての私の持ちネタがある。主に保育園、幼稚園に呼ばれて、子どもたちとのかけあいを交えながら、ネフ積み木のさまざまなパターンを紹介する。積み木がうまく積めず、こわれてしまった時、私は子どもたちに「あーあ、こわれちゃった…。どうしよう?」と問い掛ける。子どもたちは決まって「また積めばいいよ」とか「もう一回やれば」と言ってくれる。その時私は、意図的に「そうだね。またやり直せばいいんだね…。人生も同じだよな」と、ひとり言をつぶやくようにしている。

四~五歳の子どもたちに、私の言葉の意味が正確に伝わるとは思えないが、遊びが生きる力を育むことを信じ、私はこう言わずにはおれないのである。

尊敬するクルト・ネフとクラーセンの両氏に、その子ども時代をたずねたことがある。二人の答えは驚くほど似たものだった。「登れる木があれば登ってしまうような、遊んでばかりいる少年時代だった」と…。小学校入学前までの子どもたちに、もっと豊かな本物の遊びを…と、私は心からそう思っている。

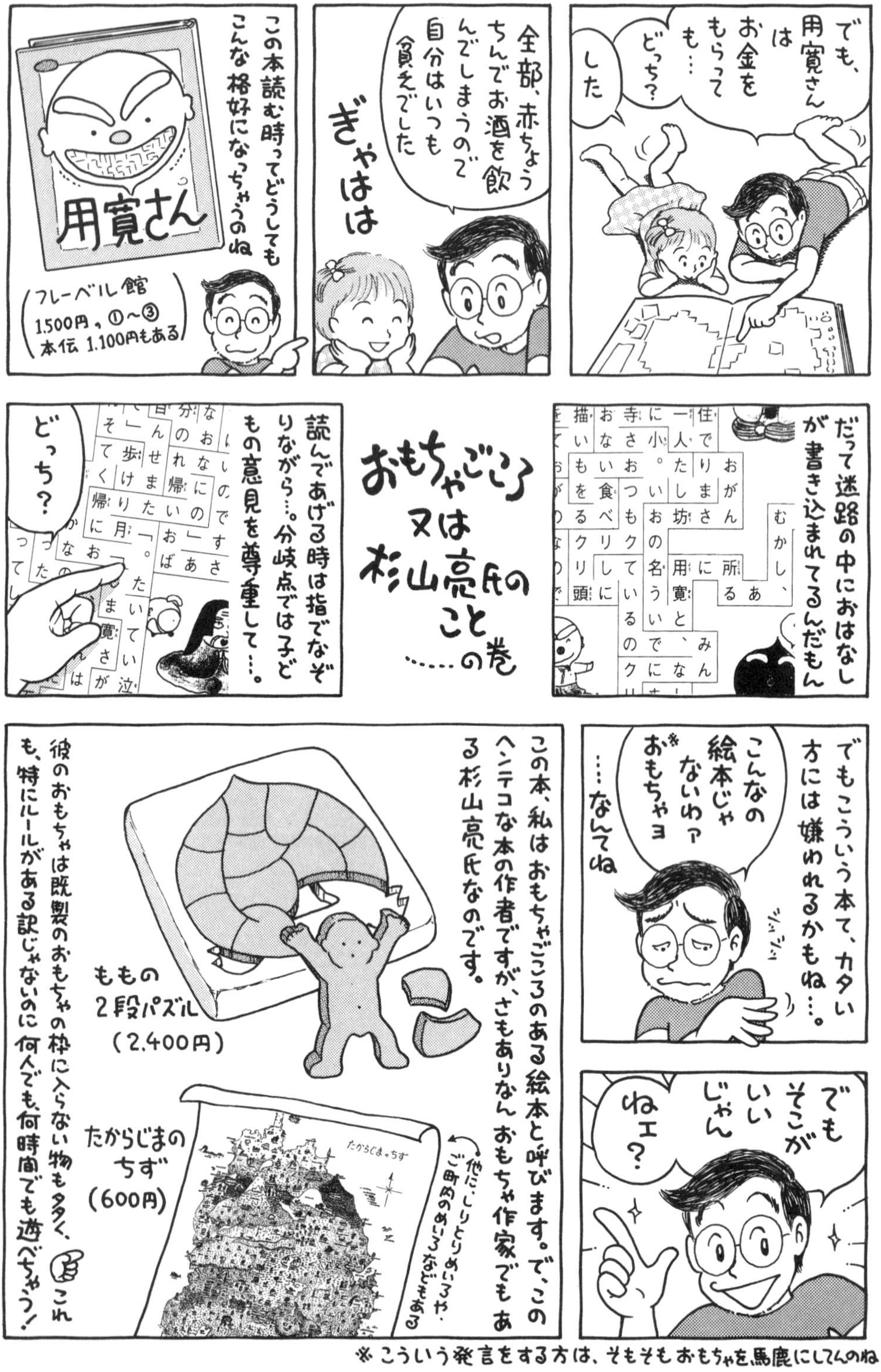

※こういう発言をする方は、そもそもおもちゃを馬鹿にしてんのね

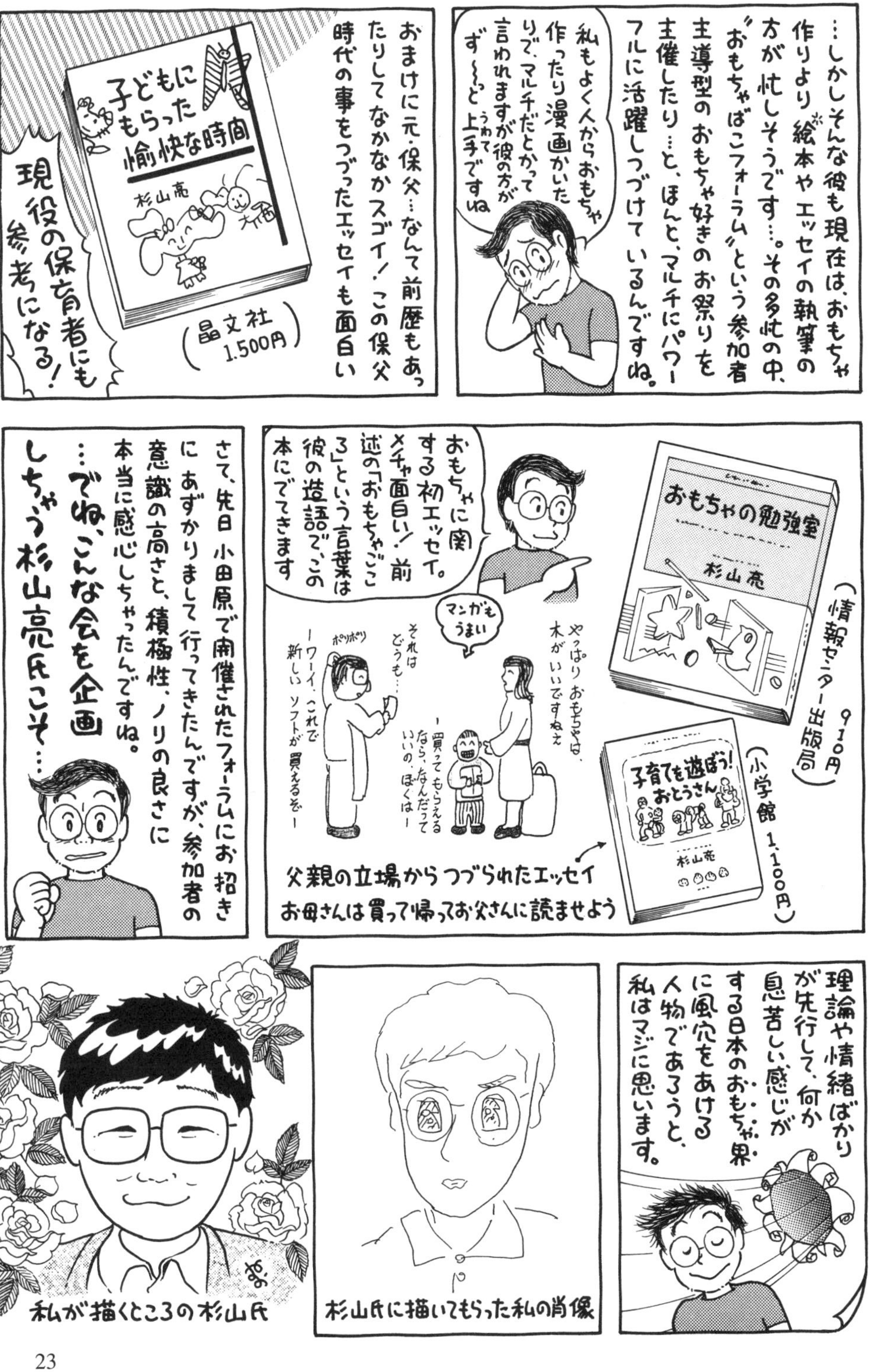
…しかしそんな彼も現在は、おもちゃ作りより絵本※やエッセイの執筆の方が忙しそうです…。その多忙の中、"おもちゃばこフォーラム"という参加者主導型のおもちゃ好きのお祭りを主催したり…と、ほんと、マルチにパワフルに活躍しつづけているんですね。
私もよく人からおもちゃ作ったり漫画かいたりで、マルチだとかって言われますが彼の方がず〜っと上手《うわて》ですね
おまけに元・保父…なんて前歴もあったりしてなかなかスゴイ！この保父時代の事をつづったエッセイも面白い
子どもにもらった愉快な時間
杉山亮
(晶文社 1.500円)
現役の保育者にも参考になる！
おもちゃに関する初エッセイ。メチャ面白い！前述の「おもちゃごころ」という言葉は彼の造語で、この本にでてきます
おもちゃの勉強室
杉山亮
(情報センター出版局 910円)
マンガもうまい
やっぱりおもちゃは木がいいですねぇ
ー買ってもらえるなら、なんだっていいの、ぼくはー
それはどうも…
ポリポリ
ーワーイ、これで新しいソフトが買えるぞー
子育てを遊ぼう！おとうさん
杉山亮
(小学館 1,100円)
父親の立場からつづられたエッセイ
お母さんは買って帰ってお父さんに読ませよう
さて、先日小田原で開催されたフォーラムにお招きにあずかりまして行ってきたんですが、参加者の意識の高さと、積極性、ノリの良さに本当に感心しちゃったんですね。
…でね、こんな会を企画しちゃう杉山亮氏こそ…
理論や情緒ばかりが先行して、何か息苦しい感じがする日本のおもちゃ界に風穴をあける人物であろうと、私はマジに思います。
杉山氏に描いてもらった私の肖像
私が描くところの杉山氏

※絵本は『たからものくらべ』(福音館1,100円)、『ぼくにきづいたひ』(理論社980円)などがあります。

一昨年(1994年)12月24日
一郎(4年)
お父さん、今日ずっと起きていていいかなァ?
ン? どうして?
ぼくサンタクロースに会いたい!
普段は9時半に寝る様、口うるさい私なのだが…
よし わかった 今日は特別だぞ
やったあ
至福の時……の巻
12 3 6 9
家人は寝しずまり一郎はポツンと台所。私は〆切りが迫っていたので、彼につきあい台所で漫画を描く事にした。

……

……

ンー〜…

一郎 夜は長いぞ… ゲームでもやっか?

うん! アバロン持ってくる
囲碁や将棋と同様、2人でやるジックリ型の頭脳ゲーム
(アバロン 3,600円)

どうだ!

玉のおし出しあいのゲームなのだが、この感触が楽しい。私の方が少しだけ強い。

ガチャ…

ポロ…

さァてと… ココアでも入れるか 一郎のむか？
うん
サンタさん遅いなあ
ねりねりねり…
うん
ま、一晩で世界中廻るんだからなァ…。
……
トポポポ
去年は何時頃来たの？
たしか2時くらいだったかな
うま…
お父さん仕事はいいの？
しゃあないな 今日はトコトンつきあったる
じゃあクビコ持ってくるよ
（クビコ・6.800円）
立体四目並べ アバロン同様 頭脳ゲーム。自分の策に走りすぎると必ず負ける。
あ、そこ禁じ手だよ
なにッ
クビコは一郎の方がかなり強い
やれやれ やっと ダウンしたか
ZZZ
君が今まで起きて待ってた事、ちゃんとサンタに伝えとくからな……
ぽわん
翌朝…
い、一郎くん、きのうは実に惜しかった！ あとホン〜〜のちょっと起きていれば会えたのに

——午前2時10分、英介ダウン……

以下は、私と一郎の会話である。

「そんなにサンタに会いたいか?」

「うん」

「そうか…じゃ、もうちょっと待ってみるか」

「でもサお父さん、サンタクロースって、いるの?」

「そうか、お父さんがいるって言うんなら、やっぱりいるんだ。」

「ン? なんだそりゃ?」

「友達がね、サンタはいないって…それから、おじいちゃんも。」

「いないってか?」

「ううん、いるとしたら、おかしいって…。」

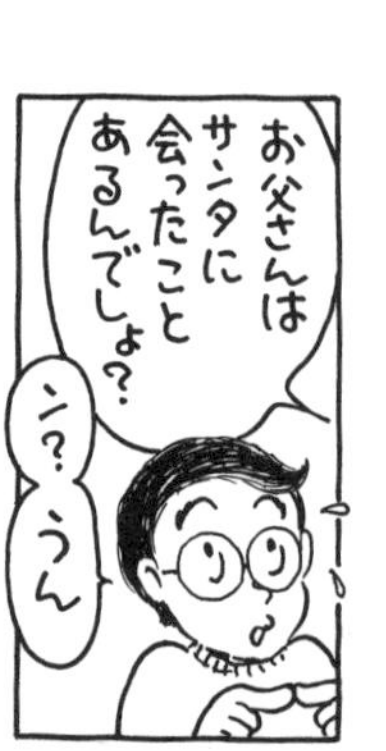

「どんな人?」

「ンーとな、じいさんで、赤い服着てて、日本語がヘタでな、それからエート…」

このへんから私の心は少しずつゆらぎ始めてきた。つまり、真実を彼に話してしまおうかと…

目をギンギンにさせて睡魔と戦いながらサンタクロースを待つ一郎を見ながら、やがて私の心はひとつの方向性を持っていった。

「一郎、面白い本を読んでやろう。」

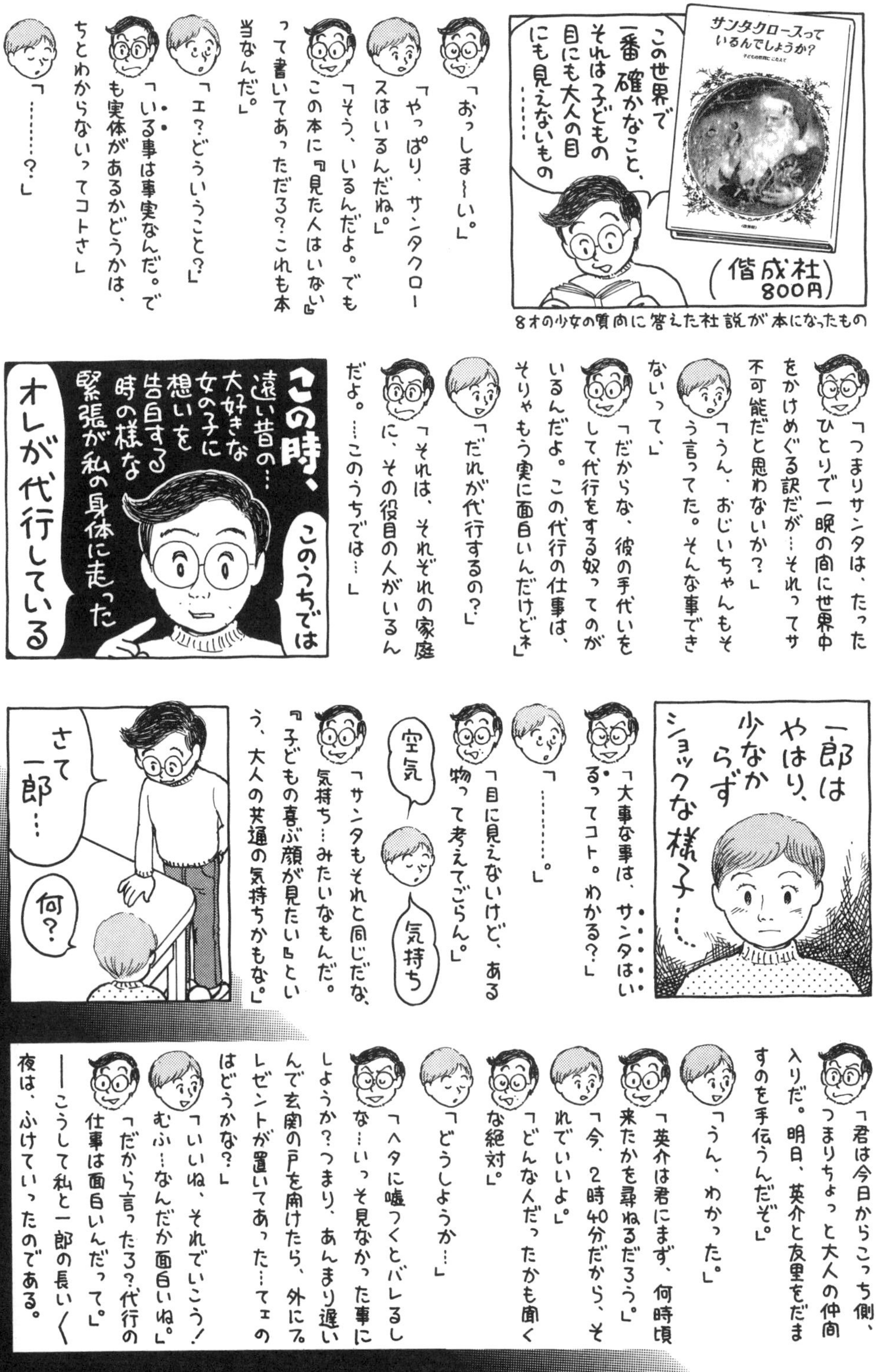

サンタクロースって いるんでしょうか?

子どもの質問にこたえて
この世界で一番確かなこと、それは子どもの目にも大人の目にも見えないもの……

(偕成社 800円)

8才の少女の質問に答えた社説が本になったもの
「おっしま〜い。」

「やっぱり、サンタクロースはいるんだね。」

「そう、いるんだよ。でもこの本に『見た人はいない』って書いてあっただろ?これも本当なんだ。」

「エ?どういうこと?」

「いる事は事実なんだ。でも実体があるかどうかは、ちとわからないってコトさ」

「……?」

「つまりサンタは、たったひとりで一晩の間に世界中をかけめぐる訳だが…それってサ不可能だと思わないか?」

「うん、おじいちゃんもそう言ってた。そんな事できないって、」

「だからな、彼の手代いをして代行をする奴ってのがいるんだよ。この代行の仕事は、そりゃもう実に面白いんだけどネ」

「だれが代行するの?」

「それは、それぞれの家庭に、その役目の人がいるんだよ。……このうちでは…」

この時、遠い昔の…大好きな女の子に想いを告白する時の様な緊張が私の身体に走った
このうちでは
オレが代行している
一郎はやはり、少なからずショックな様子…

「大事な事は、サンタはいるってコト。わかる?」

「………。」

「目に見えないけど、ある物って考えてごらん。」

空気
気持ち
「サンタもそれと同じだな、気持ち…みたいなもんだ。『子どもの喜ぶ顔が見たい』という、大人の共通の気持ちかもな。」

さて一郎…

何?

「君は今日からこっち側、つまりちょっと大人の仲間入りだ。明日、英介と友里をだますのを手伝うんだぞ。」

「うん、わかった。」

「英介は君にまず、何時頃来たかを尋ねるだろう。」

「今、2時40分だから、それでいいよ。」

「どんな人だったかも聞くな絶対。」

「どうしようか…」

「ヘタに嘘つくとバレるしな…いっそ見なかった事にしようか?つまり、あんまり遅いんで玄関の戸を開けたら、外にプレゼントが置いてあった…てェのはどうかな?」

「いいね、それでいこう!むふ…なんだか面白いね。」

「だから言ったろ?代行の仕事は面白いんだって。」

——こうして私と一郎の長い〱夜は、ふけていったのである。

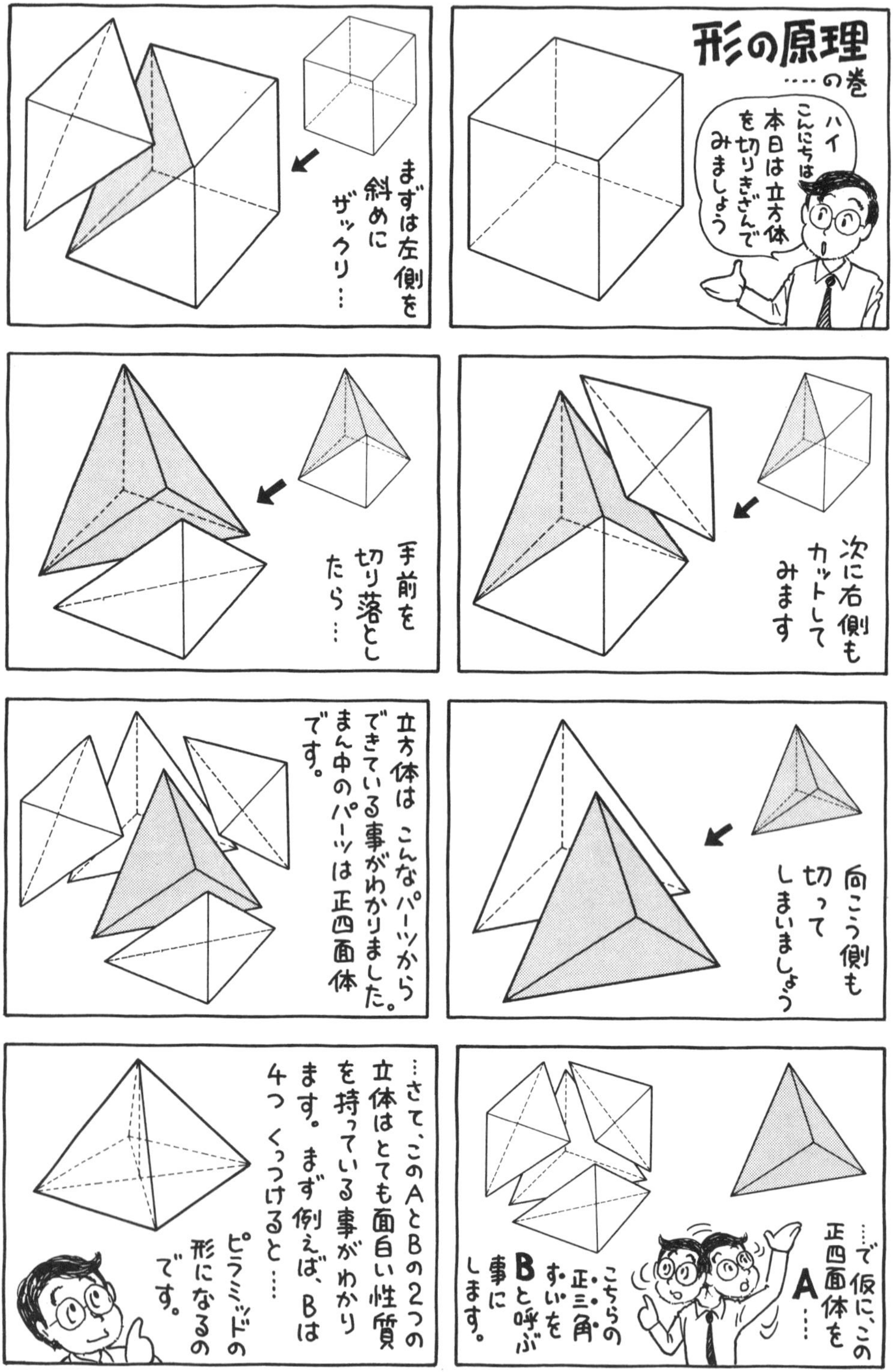

形の原理
……の巻
ハイ こんにちは 本日は立方体を切りきざんでみましょう
まずは左側を斜めにザックリ…
次に右側もカットしてみます
手前を切り落としたら…
向こう側も切ってしまいましょう
立方体は こんなパーツからできている事がわかりました。まん中のパーツは正四面体です。
…で仮に、この正四面体をA…
こちらの正三角すいをBと呼ぶ事にします。
…さて、このAとBの2つの立体はとても面白い性質を持っている事がわかります。まず例えば、Bは4つ くっつけると…
ピラミッドの形になるのです。

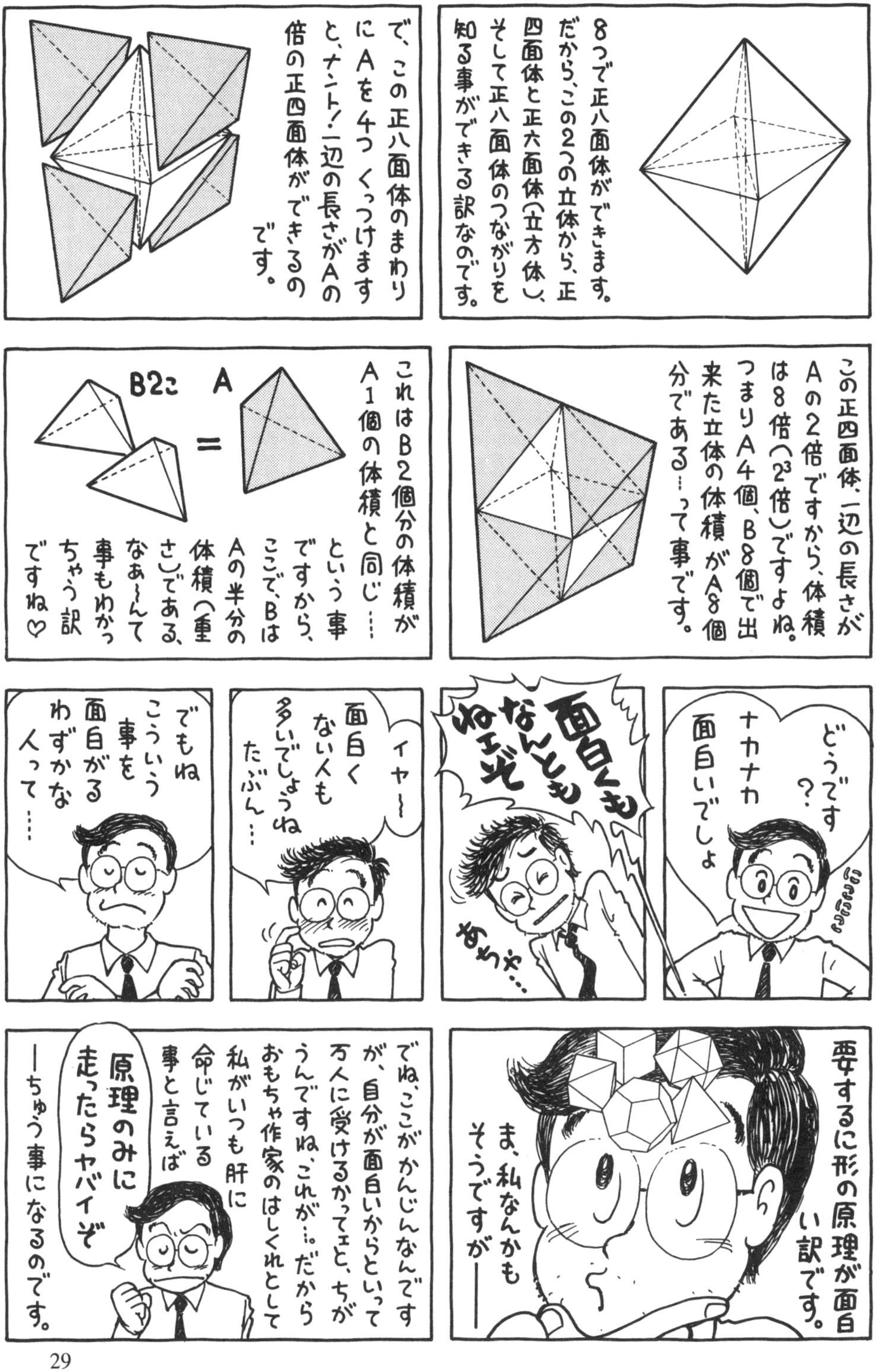
8つで正八面体ができます。だから、この2つの立体から、正四面体と正六面体（立方体）、そして正八面体のつながりを知る事ができる訳なのです。
で、この正八面体のまわりにAを4つくっつけますと、ナント！一辺の長さがAの倍の正四面体ができるのです。
この正四面体、一辺の長さがAの2倍ですから、体積は8倍（2^3倍）ですよね。つまりA4個、B8個で出来た立体の体積がA8個分である…って事です。
これはB2個分の体積がA1個の体積と同じ…という事ですから、ここで、BはAの半分の体積（重さ）である、なぁ～んて事もわかっちゃう訳ですね♡
B2こ
A
=
どうです？ナカナカ面白いでしょ
面白くもなんともねェぞ
あちゃ…
イヤ～
面白くない人も多いでしょうね たぶん…
でもね こういう事を面白がるわずかな人って……
要するに形の原理が面白い訳です。
ま、私なんかもそうですが――
でね、ここがかんじんなんですが、自分が面白いからといって万人に受けるかってェと、ちがうんですね、これが…。だから おもちゃ作家のはしくれとして私がいつも肝に命じている事と言えば
原理のみに走ったらヤバイぞ
――ちゅう事になるのです。

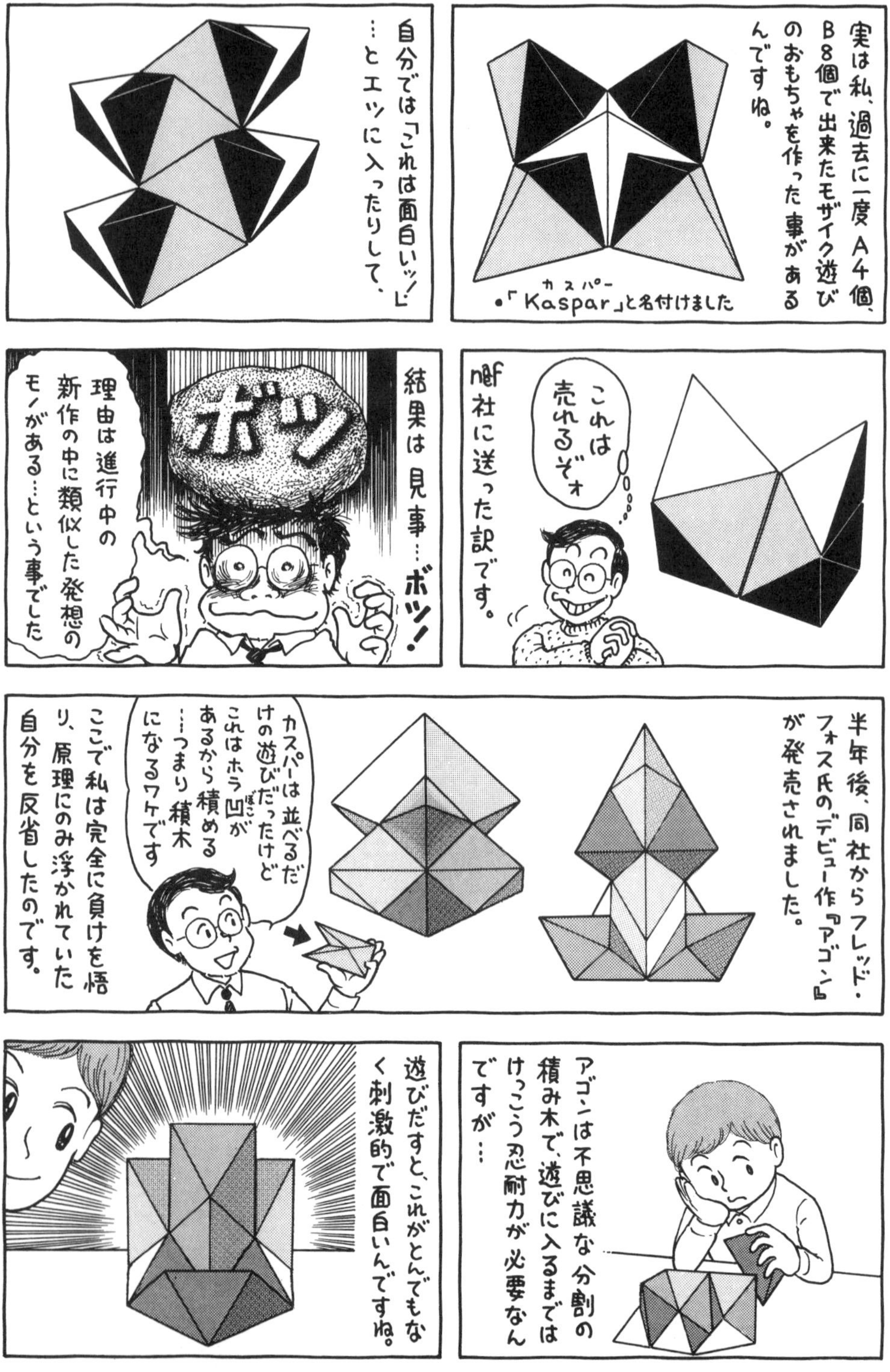
実は私、過去に一度A4個、B8個で出来たモザイク遊びのおもちゃを作った事があるんですね。
●「Kaspar《カスパー》」と名付けました
自分では「これは面白いッ!」…とエツに入ったりして、
N社に送った訳です。
これは売れるぞォ
結果は見事…ボツ!
ボツ!
理由は進行中の新作の中に類似した発想のモノがある…という事でした
半年後、同社からフレッド・フォス氏のデビュー作『アゴン』が発売されました。
カスパーは並べるだけの遊びだったけどこれはホラ凹《ぼこ》があるから積める…つまり積木になるワケです
ここで私は完全に負けを悟り、原理にのみ浮かれていた自分を反省したのです。
アゴンは不思議な分割の積み木で、遊びに入るまではけっこう忍耐力が必要なんですが…
遊びだすと、これがとんでもなく刺激的で面白いんですね。

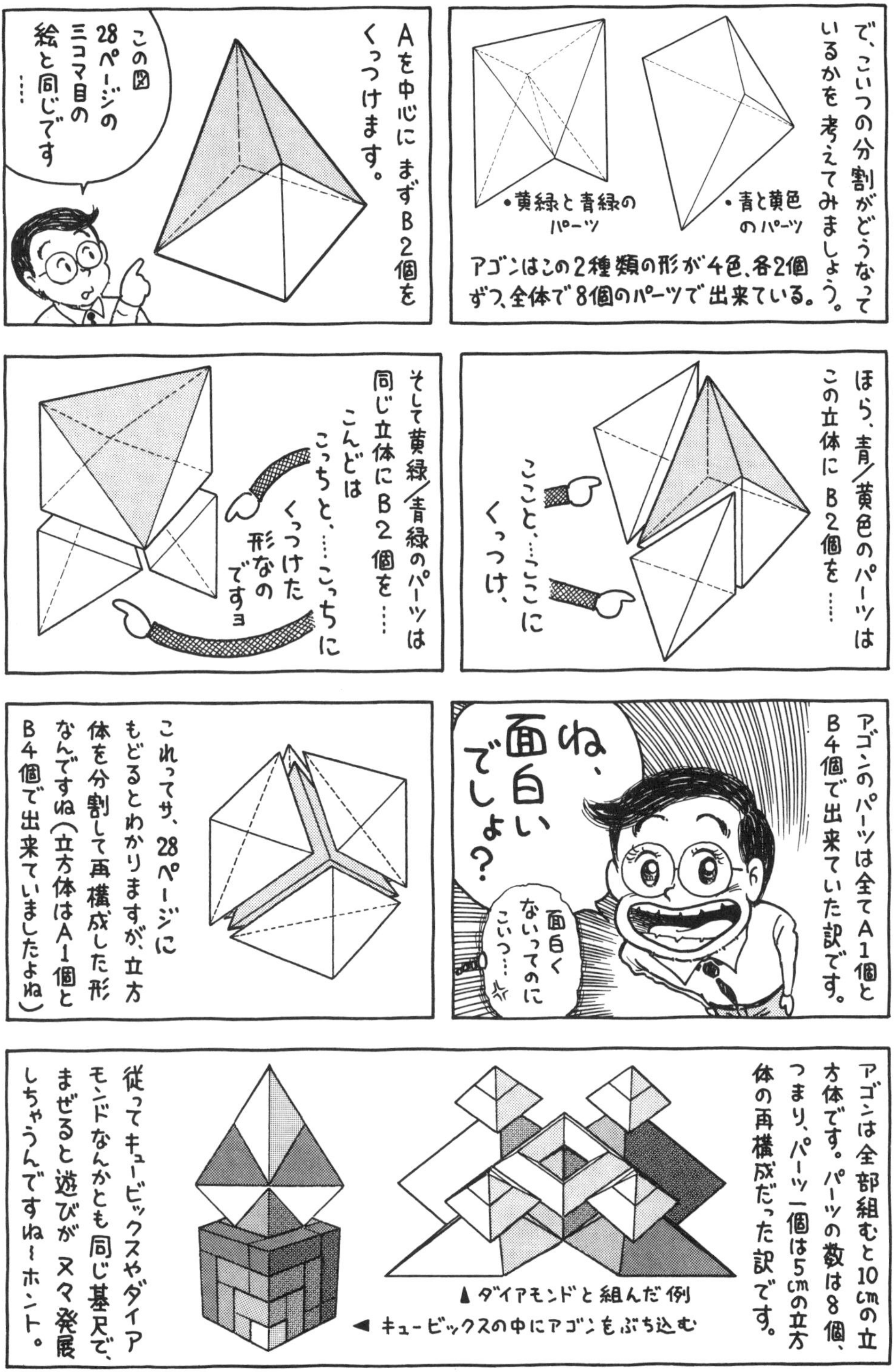

で、こいつの分割がどうなっているかを考えてみましょう。
・黄緑と青緑のパーツ
・青と黄色のパーツ
アゴンはこの２種類の形が４色、各２個ずつ、全体で８個のパーツで出来ている。

Aを中心にまずB２個をくっつけます。

この図28ページの三コマ目の絵と同じです……

ほら、青／黄色のパーツはこの立体にB２個を……

ここと、…ここにくっつけ、
そして黄緑／青緑のパーツは同じ立体にB２個を……

こんどはこっちと、……こっちにくっつけた形なのですョ
アゴンのパーツは全てA１個とB４個で出来ていた訳です。

ね、面白いでしょ？

面白くないってのにこいつ…

これってサ、28ページにもどるとわかりますが、立方体を分割して再構成した形なんですね（立方体はA１個とB４個で出来ていましたよね）

アゴンは全部組むと10cmの立方体です。つまり、パーツ一個は5cmの立方体の再構成だった訳です。
▲ダイアモンドと組んだ例
◀キュービックスの中にアゴンをぶち込む
従ってキュービックスやダイアモンドなんかとも同じ基尺で、まぜると遊びがヌ々発展しちゃうんですね～ホント。

形の原理について

四頁にわたって描いた「形の原理…の巻」だが、漫画としては（おそらく多くの読者にとって）面白くもなんともない作品になってしまったと思う。でも、ここに書いたテーマは、今も自分に課している。今でもつい気をゆるすと、形の原理のみが面白く、遊び手である子ども（や大人）のことを忘れている自分に気づかされる時がある。だから、常に自分に言い聞かせる言葉は「原理に走るな、原理を越えろ」なのである。

おもちゃデザイナーという肩書きを持つようになってから、私の元に若いおもちゃ作家志望の方が訪ねて来るようになった。自作のおもちゃを持参し、「見てほしい」と言って来ることも多い。私も喜んで見せていただくのだが、これがたいていの場合積み木で、本人だけが形の原理を面白がっているケースが少なくない。

自分も含めて、積み木を創作するような幾何学が好きなタイプの人にとって、形の原理は確かに面白い…と思う。しかし、その原理で子どもが楽しく遊べるかというと、残念ながら「否」である場合が多いだろう。その一例を誤解を恐れずあげてみる。

積み木の考案者としても知られるフリードリヒ・フレーベルが、その原理を具現化したものが恩物であろう。でもその恩物という商品名で売られている卓上のわずかなピース数の積み木で、子どもが遊ぶかというと、やはり「ウーム」なのだ。本気で遊ぶにはもっと量が必要である。まして、保育室ならば、最低でもドイツのデュシマ社の「園用積み木基本セット」〈約八〇〇ピース〉くらいの量が必要だ。また原理が数学の一部であるためか、遊びに教育的価値を求めたがる大人が、恩物のパターンをマニュアル化して子どもに与える場合がある。立方体を放射状に八つ並べて「ほら、お花ができた」なんてのもいいけど、そうしたマニュアルの通りには遊ばず、そんなもの軽く越えちゃうのが子どもである。無理にマニュアルを押しつけようとしたなら、それはすでに〈遊び〉とは呼べないだろう。むしろ〈早期教育〉という名がふさわしい。

さらに誤解を恐れず名前をあげてしまうが「ニキーチンの積み木」も「カプラ」も、与える大人側〈または販売する大人側〉が考えたマニュアルを越えたところにこそ遊びがあると私は思っている。もちろん、どちらも製品そのものにケチをつけるつもりは毛頭ないのだが、与え方を間違えると怖いな…と思う。

…とまあ、いろんなことを思いながら、「キュービックス」や「ネフ・スピール」の優れた点は?と改めて考えてみると、”原理を内包しつつ、それを越えているところ“なのだろうと私は結論づける。

だから、実際に手にとって遊んだ時に、面白くかつ美しいのだろう。…で、この美しさは実は原理に起因しているのだ。だから結果的には、遊び手は形の原理にたどりつく。でも原理そのものでは遊べないのよ、ここがムツカシイところなんだけどね…。

え～まことに僭越ながら以上のことを特に若いおもちゃデザイナー志望の方々には申し上げておきたいと思う。

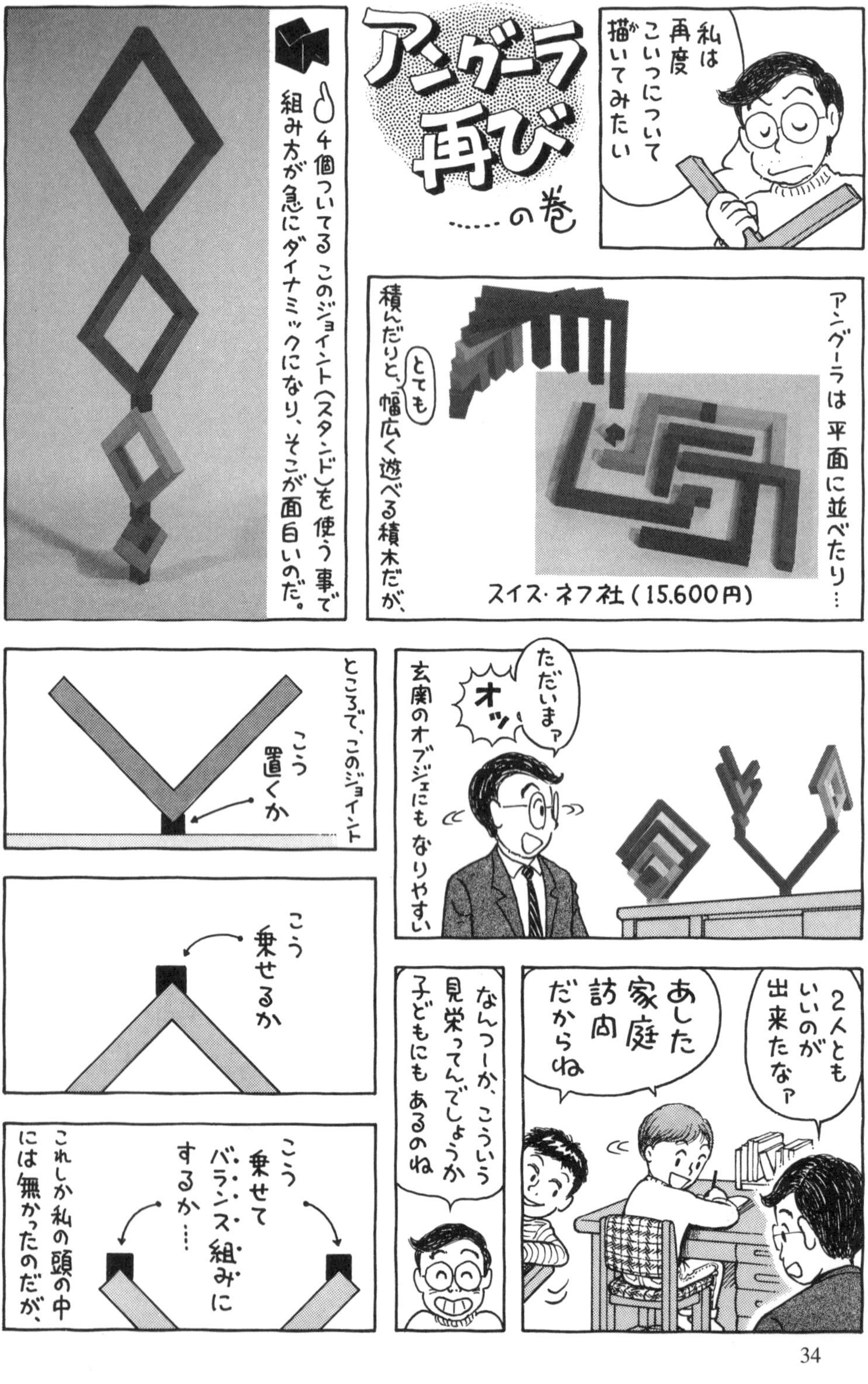

私は再度こいつについて描《か》いてみたい
アングーラ再び
……の巻
4個ついてるこのジョイント(スタンド)を使う事で組み方が急にダイナミックになり、そこが面白いのだ。
アングーラは平面に並べたり…
積んだりと、とても幅広く遊べる積木だが、
スイス・ネフ社(15,600円)
ただいまァ
オッ
玄関のオブジェにもなりやすい
ところで、このジョイント
こう置くか
こう乗せるか
2人ともいいのが出来たなァ
あした家庭訪問だからね
なんつーか、こういう見栄ってんでしょうか子どもにもあるのね
こう乗せてバランス組みにするか……
これしか私の頭の中には無かったのだが、

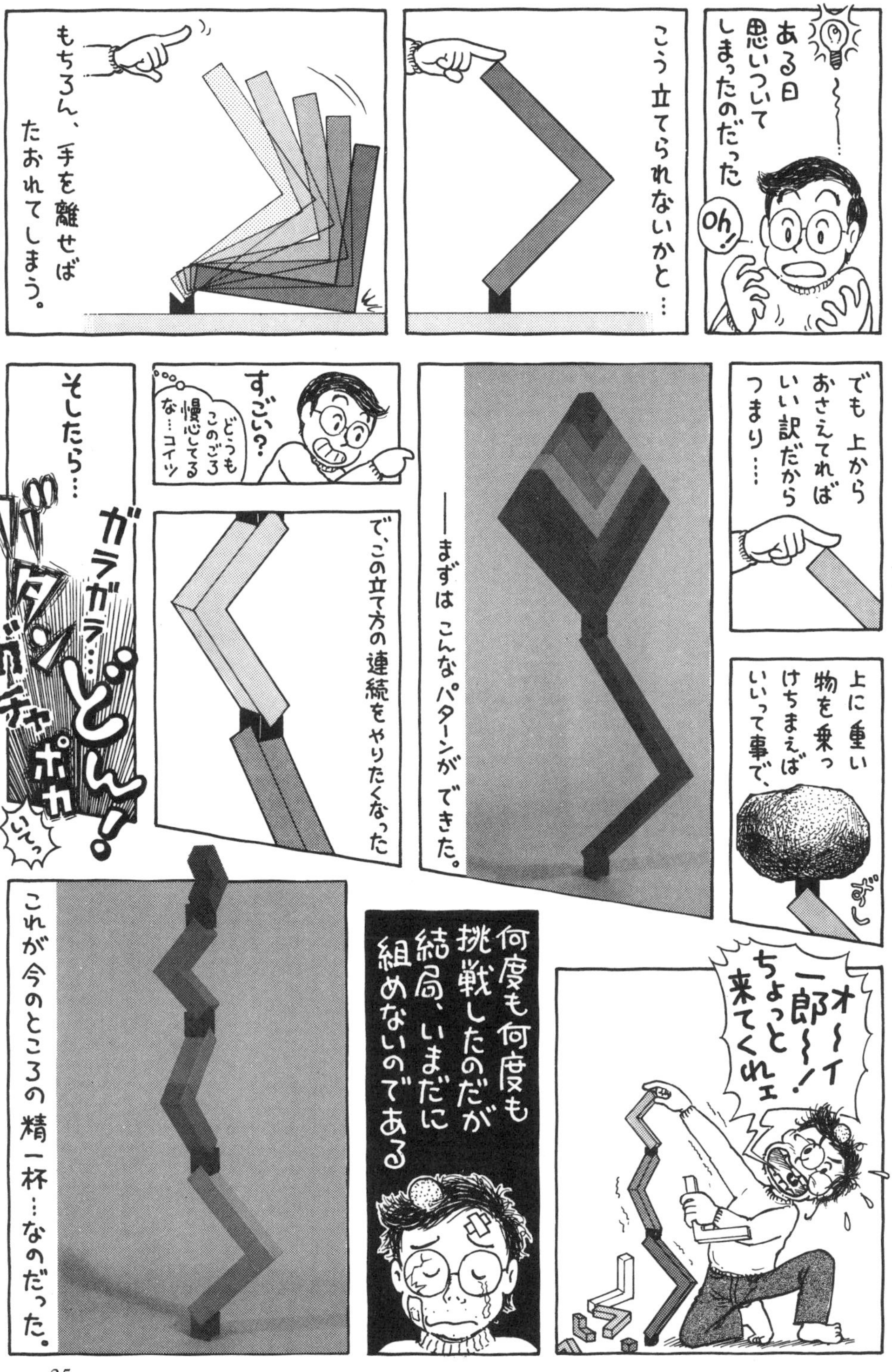
ある日
思いついて
しまったのだった
Oh!
こう立てられないかと…
もちろん、手を離せば
たおれてしまう。
でも 上から
おさえれば
いい訳だから
つまり…
上に重い
物を乗っ
けちまえば
いいって事で、
ずし
―まずは こんなパターンが できた。
すごい?
どうも
このごろ
慢心してる
な…コイツ
で、この立て方の連続をやりたくなった
そしたら…
ガラガラ…
どん!
バタン
ガチャ
ポカ
いてっ
オ〜イ
一郎〜〜!
ちょっと
来てくれェ
何度も何度も
挑戦したのだが
結局、いまだに
組めないのである
これが今のところの精一杯…なのだった。

エ〜…前作『ツリアモ』の発売より早や2年、このたびスイス・ネフ社から私の4作目のおもちゃが発売される事と、相なりました。
2年ではちょいとスローペースですね反省
Arena naef collection
(9,800円)
『アリーナ』と申します。よろしくね
輸入元のニキティキではドイツ語読みで、アレーナとおっしゃってますが ま、どっちでもいいのね
だってコレ、もともと私が付けた名前はWadoW(ワドウ)だったんですよ。
4個くっつけた形
わかります？コレ…和同開珎なのね……。で、スイスの方《かた》にはコレが円形競技場に見えたって訳ですね。オモシロイ…
2つあわせると葉っぱの形になる所がカワイイでしょ？
……で、
ちょい…
──こうとか…
ゆらんゆらん
ゆあ〜〜ん
ガチャ…
──こうとか
つまり、曲面がある事で積木に動きがでてくる訳ね
動きのある積木
これこそまさしく今回の作品で私がやりたかった事なのであった…
むふっ

基尺は2.5cm、ネフ社の他の積木、キュービックスやアングーラ、ネフ・スピールなどと組み合わせても、より愉しく遊べます。

ヴィボとも仲良し
アングーラと…

パーツは全部で8個で、色は赤、青、黄色、緑のヨーロッパ基本カラーです。又、塗料は、V-Voと全く同じザラつきのあるものを使用しています。

ザリ…

摩擦係数を高めるってワケね
キューピックスのキューブをはさんで
ちょん…

ネフ・スピールと…

新作の試作が出来ると、いつもそうなんですが、子どもがどう遊ぶかを観察します。

友里、ちょっとこれで遊んでみない?

うん!

初めは平面構成遊び…

やがて並べ始めて…

積みだす…と思っていたら、
もしもしはるちゃんですか?

ウ〜ム…まずは「ごっこ」でした。

うい奴《やつ》です。どうか皆さん、かわいがってやって下さい。おねがいしま〜す……

一郎が『こどものとも復刻版』の函を開いて、今日読んでもらう本を選んでいる。
しかし ホント、これって 贅沢だよな
四〇年記念出版
こどものとも復刻版
（福音館書店 30,900円）
1956年4月創刊号から50号までの復刻で、まさにこれが日本の創作絵本の原点であると言って過言ではない。
長新太のデビュー作
こどものとも
がんばれ さるの さらんくん
井上洋介のデビュー作
どものとも
マーシャ・ブラウンのものと、ひとあじちがう「がらがらどん」
馬場のぼるバージョンの「ぴかくんめをまわす」
童話になる前の「おしゃべりなたまごやき」
はじめは
よし、一日一冊、50日かけて読んであげよう
…と考えていたのに、
とうちゃん とうちゃん
ん〜？
今日は これと これと これ！
一日一冊で気が済むハズはなし、好きな本は何度でも読まされるし、最近では一日三冊と決めた

アラ…この漫画どこかで読んだ事あるわ…
…ってお思いの方、スミマセン…右ページ'89年に描《か》いたモノです
今、小6の一郎 この時年中さん
拙著『好きッ!』(エイデル研究所)にも出てくるんですが、あえてコレ もう一度 再録したのには 訳があるんです。この『好きッ!』が出て以来 復刻版をほしいとか、注文したいという向い合わせがかなりきたんですね。でも実はこのセット、'89年発行の限定出版だったんですよ。つまり、私の本がでた時は すでに絶版だった訳ね……。で、たくさんの方に 泣く泣く お断りを 申し上げたんです。
……トホホ～～ッ
好きッ!
………
………
…でね、
今回('96年12月)新たにもう一度復刊される事になったんですね これ!
さらに! なんと…51号から100号までの新セットも同時発売だあ!
すげ～ぞ コリャ….
この新セット(Bセット)には赤羽末吉や瀬川康男らのデビュー作が含まれています
かさじぞう
きつねのよめいり
日本初の横長、横書き、左開きの絵本もここから生まれたんですね。又、現在名作、傑作と呼ばれる絵本も多く、従って傑作集(ハードカバー)に含まれる作品も いくつかあるんですが、これが よくよく見ると…
ジオジオのかんむり
傑作集
こどものとも
復刻版
中谷千代子のデビュー作『ジオジオのかんむり』表紙を含めた6場面が反転されています。
はじめは縦長!
こどものとも
のろまなローラー
『のろまなローラー』
つまり、この『のろまなローラー』みたいに全面、又は一部描き直されて傑作集になるモノも少なくないのね『たろうのともだち』なんかもそうですね。又、この『スーホのしろいうま』なんかは、全面描き直しの上、文章も加筆されて今の形になったんですね…。
版型も変った
こどものとも
スーホの白い馬
串田孫一や北杜夫といっためずらしい顔ぶれも登場します。
—で、今回も又、両セットとも限定版です ご注文は お早めにね。

※『こどものとも復刻版』A・Bセット共に、ご注文は百町森(TEL 054・251・8700)か、お近くの書店、又は こどものとも社まで……

しょくん われわれは ついにウヒアハを やっつけたぞ！
えい えい おおうっ！
ほどうきょうが あるんだもの…
おっしま〜〜い
さ 寝よ寝よ おやすみ
気になる感想…の巻
シーーン…
さてと ぼちぼち 眠ったかな？
そぉ〜〜…
くるっ
おとうさん！
な…なに？
なんだ おきてたのね……
「木にのぼるな」とか「はしをわたるな」も ウヒアハが書いたんじゃないの？
う〜ん それはどうかな？ ただの立てふだじゃないかな…
聞き終ってからの数分間、友里は、じつにその事だけをずっと考えていたようです…。たはは、そして もうひと言
ウヒアハ たのしかったのにね
こうポツリと言い残し、ほどなく寝息をたて始めたのです。

いつもは子どもが眠ったらラッキー♥…の私ですが、この日は今の友里の言葉が気になってもう一度『11ぴきのねこふくろのなか』を開いてみたのです。
うーむ確かに友里の疑問もわかる気がするな
ウヒアハは初めからねこ達を観察していたのです。(ホラ、ここですでにかくれています)
11ぴきのねこ ふくろのなか
馬場のぼる
(こぐま社 1,236円)
で、「○○するな」という注意書きを無視するというクセを利用して、ねこ達をいけどる訳だ…
ウ〜ム
それともうひとつ猫本来の習性、"袋が大好き"…ってのもあるな
初登場 我が家の猫、みぃみ
しかし「木にのぼるな」や「はしをわたるな」がウヒアハのしわざかと言えば、やはりそれは、ただの立てふだと考えるのが妥当でしょう。
なぜなら、前の3つの注意書きは木に書かれています。
はなをとるな
きけん! はしをわたるな
木にのぼるな
で、ねこ達のクセを見抜いたウヒアハが急遽書いたのがこれで…
ふくろにはいるな
つまり、紙に書き、石でおもしをする…という、にわか作りな訳ですね。
でも筆跡は同じだよな、イヤ、これは馬場のぼる氏の筆跡か…
ま、しかし、こうしてたまには自分一人でジックリと絵本を読んでみるのはなかなかコレ、面白いね。
さて、次に友里の「ウヒアハたのしかったのにね」のひと言ですが
ム…ムムムム…これは
こ…この感想ってスゴイぞ
Nani kakkô tsuketendaka?
——と思う私なのでした。

馬場のぼるさんの作品の登場人物って、善と悪が明確に分かれてないって思いませんか？
特に、ねこシリーズ一作目の『11ぴきのねこ』では、魚にすればねこ達は充分悪役です。
こもりうたで殺す…というのもナカナカ残忍です
『11ぴきのねことぶた』でも彼らはけっこうなワルぶりを見せてくれて、たとえばこのシーン、ぶたを初めて家に招くんですが、実はこの家ぶたのおじさんの家なのね、で……
おじさんの肖像画は裏返されているのよ
…ま、でも憎めないのは、彼ら人がいいのね ホント。最後にはふきとばされちゃうしね。
『ふくろのなか』に話を戻しますが、ウヒアハって悪役なのに……
顔は
間が抜けてるし
ポシェットなんかぶらさげてたり…
しっぽにリボン3つもつけたりして、
とうてい凶悪なばけものには見えませんよね
つかまったねこ達は運動場を作る為にローラー引きをさせられちゃう訳ですが…
（そも、どうして運動場を？）と考えた時、私はひとつの仮説を申し述べたくなるんですね。
ウヒアハは本当は、11ぴきのねこ達といっしょに鬼ごっこやキャッチボールをしたかったんじゃないかな――ってね。

で、ねこ達にだまされて自分でローラーを引いてみて、こう言う。

ふむふむ これは たのしい
バカだね ほんと…「ウヒアハたのしかったのにね」という友里の一言は、この場面を指しているんですね
ま、ウヒアハもねこ達同様ワルいんだけどどこか人がよくておっちょこちょいの愛すべき奴なのね
でもウヒアハはやっつけられてしまいます。

あぁれ ウヒアハ…

—でまァその釈然としない思いと、何となくウヒアハがかわいそう…という気持ちが、友里に「たのしかったのにね」と言わせたにちがいないと 私は思うのです。

馬場作品て、勧善懲悪でもないし、単純でもないんですね。

でも、ふと心に何かひっかかる…そんな結末のモノが多い様な気がします。

『らしょうもんのおに』も『もん太と大いのしし』も、絶版だけど『となりの花さかじじい』もね。だからちょいと釈然としない思いが残ったりもしますが、実にそこんとこが私は大好きなんですね。深い…と言うか…

余談ながら、これも絶版だけど「アオさんとあおい石」なんか、大事な大事な青い石がパチーンとわれちゃっておしまい…だもんね すごいです！この思い切りは。

どんなに善人に見える人でも悪い部分があるだろうし、逆に悪人にも良心があったりする、それが人間なんじゃないかと考えますと…馬場さんの作品て、ちょっと見の絵のホノボノさにかくれてなかなかドキッとさせられる真実があるような気がする訳なのです。

以上、漫画による馬場のぼる小論デシタ

遊びを保育の中心に…

少子化で保育園も幼稚園も園児獲得のための差別化に必死である。ある園は早期教育を、ある園はデザイナーズブランドの制服を、また別の園では泥んこ保育をそれぞれ看板にする…といった具合だ。制服を有名デザイナーのデザインにするなんて園は論外として、私が気になるのは早期教育と、放任（あえて自由としない）保育の両極化である。一方が、ひらがなはもちろん、漢字や英語、はては『枕草子』を丸暗記させてしまうかと思えば、もう一方では、お勉強よりむしろ体力とばかりに、晴れた日には一日中、外で思いきり体を使って過ごす…という感じである。とにかく、どちらも極端だと思うのだが…。ま、だからこそインパクトをもち、看板たりえるのだろう。

さて、全然性格の違うこの両方のタイプの園長は、「当園では遊びを大切に考えています。」って必ず言うんだな、これが。私には〈遊び〉って言葉がご都合主義に使われ過ぎているように思われる。早期教育型の園では「けっして園児に無理強いせず、遊びを通してお勉強するんですよ。」なんて言いながら、子どもに媚びたやり方を遊びと呼んでるだけだったりする。片や、放任型の園の言う遊びは〈棒切れ一本、石ころ一つでも子どもは遊ぶ〉的な精神主義だったりする。

もちろん、こうした両極の園以外にも、全国にはさまざまなタイプの保育園、幼稚園があるわけだが、総じて幼児教育の現場で〈遊び〉がきちんと位置づけされていないように私には思えてならない。

こうした中、数は少ないけれど、保育の中心に〈遊び〉を据えている園もある。前著『好きッ！』を上梓して以来、こうした園から講演や園内研修などの声がかかり、全国のすばらしい園の方たちと知り合いになれた。

しかし、この方針をとる園は、実は大変なのである。何が大変かと言えば、なんと言っても園児獲得である。遊びによって育まれた情操や発達は見えにくいのだ。園児一人ひとりにやさしい心が育っていたり、人の話をじっくり聞く姿勢ができていたり…なんてことは、ちょっと見にはわからないのが普通だろう。園選びに訪れた親たちに（この園て、子どもを遊ばせているだけなのね…）なんて軽く見られてしまう。枕草子を読み上げたり、全身泥だらけ、みたいなインパクトがない。本当に本気で遊ぶんだとしたら、〈遊ばせておくだけ〉で十分だと私は思うのだが…。本気で子どもを遊ばせようとしたら、保育者だって本気で〈遊び〉を勉強していかなきゃならないし、室内や園庭のおもちゃや遊具についても、見直すべきところは見直していかなきゃならないわけで、正直なところお金だって相当かかるはずである。

でも、〈遊び〉を信じ、遊びがもたらす力を信じた（全国の数少ない）保育者、園長先生たちと知り合えたことは、同じく少数派である〈遊び大切主義〉の私にとって、大いなる勇気を与えてくれている。私からも、少数派の彼らに「ガンバレ！遊びこそ人を育てるんだ！」と、エールを送り返したいと思う。

らくがき漫画
ぼくはこんなおもちゃで遊んできた
（タイトルは立花隆氏の『ぼくはこんな本を読んできた』のもじりです）
番外編
カバヤキャラメル
まっ白
水につけると…
ジャーン！
ぼくのおもちゃ原体験はと言うと、なんつってもカバヤのキャラメルのオマケの 七色仮面の水写真 ですね。まっ白の印画紙を水につけると七色仮面が現れるのであった！ 4〜5才頃かな…
なんかオマケとかフロクばっかりね… 今とちがって昭和30年代って、ホント貧しかったのね
次は、雑誌『少年』の組み立てふろく！ 前月号の"次号予告"にダマされて、でもこりもせずよく作った。小学3〜5年頃
8大ふろく
この頃の月刊漫画雑誌ってこんな感じだったのよ
「鉄腕アトム」や「ストップ！にいちゃん」などの別冊ふろく5〜6冊
幻燈機
ボール紙製
長時間はできない。熱くなっちゃってアブナイったらないのよ
100Wの電球
ぐるぐるぐるぐる…
蓄音機（ただし手回し）
聞こえる聞こえる
ボール紙製
ビューーンと飛んでくてーつじん28号〜
ソノシート
ボール紙製
トランシーバー
…とは名ばかりの糸電話 ナ…ナサケナイ
なにせ手回しなので、正しい一定の速さで回す事はとてもむずかしい。速さを変えて音がヘンになる事の方が むしろ面白く、ゲヒャゲヒャと馬鹿みたいに笑いころげた。
※この他「スパイ七ッ道具セット」とか本当に現像できる「カメラ（ボール紙製、くどいけど）印画紙、現像液、定着液セット」なんかもあった。

「お正月には凧《たこ》あげて～…
こ～まを回して遊びましょ～♪」
という歌詞をそのまま実践した
正しき少年時代…
凧と言えば、私は昔っからこういう形の
駿河凧
専門でした。
お祭りで買ってもらった
地球ゴマ
大好きだった。
今も売ってるロングセラー
ヴィーン…
鉄製（重い！）
20才代～30才代の頃は2畳敷の駿河凧を毎年作ってはあげ、あげては燃やし続けましたね…
箱いっぱい……
メンコ
ホントよく集めた。ま、いわゆるひとつのバクチですね…
小学5～6年
チョン…
ツマようじの先でちょっと触れると
色が変わるコマ
黒のセルロイド板（これは可動式）
いろんな色
真上から見るとこんな感じ
水中花
駄菓子屋でお菓子を買わずにこれを買って帰ったら「ヘンな奴」と姉に笑われたのをよく覚えている
小学4年
中学時代からペンと黒インク、ケント紙といった
漫画を描《か》く道具
が、私にとっての最高のおもちゃとなってくる訳です。
Pilot
さて、おもちゃ作家というカタガキさえ持つ様になってしまった私ですが、そんな今の自分の出発点となったおもちゃは…
ルービックキューブ
1980年の、あの大ブームに、私もハマりにハマりました。寝ても覚めても、という感じで、解くのに4ヶ月もかかってしまいました。25才
キュービックス
ネフ社
15,800円

いつのまにかひらがなをすっかり読めるようになってしまった友里は・・・・
駐車場
この中で遊ばないで下さい
このではないでさい
最近よく絵本を自分で読むようになった。
ハンザキはもうせんねんもひとりぼっちで
かつまたすすむ『ハンザキぞろぞろ』
字を覚えるコトって・・・・の巻
佐々木マキ『ねむいねむいねずみ』
なんだい、このいえは。おばけやしきか、なにかかい?
漫画だって読んじゃう・・・。
手塚治虫『ユニコ』
読み聞かせをしないですむので・・・・
らくちんらくちん
お父さんも読書しよ〜っと
とか言いながら、私が手にしたのも漫画だったりして
しかし望月峯太郎って天才だな・・・
すごいね
何なんだろうねこのリアリティーは・・・
ドラゴンヘッド
ドラゴンヘッドより © 講談社

〜ふと……
それにしても よく続くなあ…… もう40分も 読んでる
友里ちゃん『ユニコ』面白い？
うん
読んで あげ ようか？
いいよ 自分で 読める から
ちょっと さみ しい…
それでも、ごくたまに…
お父さん 絵本 読んで
いよっしゃあ！
よあけ
やまが くるぐると しずもる。
首が 横ゆれしている
ン？
むむむむむむ わかったぞ
友里の奴… 絵を見ないで 字を追ってるな
ねェ… 字は お父さんが 読むから 友里は 絵を 見てなよ
うん
じょり…
よあけ
そうは言っても、すぐ又字を読もうとする友里。よほど今、字が面白いんだね。でも、字を覚えるコトって、ひきかえに、大事な何かを失くすコトでもあるんじゃないかな……ナンテネ

今回は ホラー学習漫画だぞ！
英介の感性 特殊な……の巻
よく、細《こま》〜かなツブツブ状の物を見ると、ゾッとして鳥肌が立っちゃう…って方がいますよね。
それから、こういうのも、よく聞く。
キー…
やめてェ〜…ッ
ところがです、我が家の次男英介は……
ちょいとかわってるんですね これが……
その日、虫の話をしていて何かのはずみでこんな事を言ったら
だいたいセミの腹ン中なんてほとんど空《から》っぽなんだぜ
ぞっ
ゾクッ
ン？どうしたんだよ
なんだか今ゾクゾクってした……
ふ〜ん
ビクン
ギャ〜
ヘンな奴っちゃな…
ほら、夏の終りの夕方にカナカナカナカナカナカナ…ってなく、ヒグラシってセミがいるだろ？あれの胴体ってのが透き通っちゃってんのよ
だからよく見るとカラッポなのがわかるんだな コレが…
ここが透明
ぞぞ…
セミって言えばな、英介 コロンビアのユカタン島にな、ユカタンビワハゴロモってセミの仲間がいるんだけどさ…こいつったら頭にワニの帽子つけてるんだぜ
うっそオ

ほんとだってばちょっと紙に描《か》くとな…
まずこんな感じでェ
ワニだワニだ
このへんに目があってな……
ええ〜？
下の方はま、セミなんだな
で、こっちの木にこいつがいるだろ向こうの川にはワニが泳いでたりするんだ
じゃぶじゃぶ
かわ
木
ぎゃはは…
つまり擬態の一種って訳だ……でな、この虫ってよォそれでもまだ足りないらしくて羽に眼状紋まで持ってやがるんだぜ
とんだところ
うっそだあ〜
うそだと思うんならこの本の113ページと118ページを見てごらん
ジャーン
オレの本だから大事に読めよ…
INSECTS ON EARTH
今森光彦
世界昆虫記
ずしっ
出版文化賞や写真賞を総ナメにした、写真家今森光彦氏の20年の集大成。一枚一枚の写真の美しさは、芸術と呼ぶ他ない！
ヨツコブツノゼミ
ボウバッタ
珍しい虫やヘンな虫もいっぱい出てきて、子どもといっしょに見たら最高ですね。絶対ウケるし…。
そう言えば英介、この本の作者の今森光彦さんに聞いた話なんだけどな、ユカタンビワハゴロモの突起物もな、中身は……
空っぽ
…なんだってさ
やめてくでぇ
ゾワワ…

（福音館書店 4,757円+税）

仕事で、ある保育園の園長と園児用イスのことで電話していた時……
いやあ…このブロック社のイスはシンプルでデザインも落ちついていてすごく良いですよ
エルフ カタログ
デザインなんてどうでもいいのよ!
――と言われてしまった。
あちゃ〜
デザインなんて……の巻
この言葉は"デザイナー"という肩書きも持つ私を、少しの間、落ち込ませるのに充分な力を持っていた。
どうでも……いいか……そうか
どうでも…ね
でも 一、二分後……
んなこたあな〜い!
だいたい保育室じゃあイスだって空間環境の一部じゃないのか?下品なパイプイスでいいのか?!そんなんだから日本中の保育室が、ダンボールとガムテープだらけのゴミタメ状態になるんだ!保育指針だって幼稚園教育要領だって環境によって子どもは育つって書いてあるぞ!
――とまあ、以上の事を次の瞬間には考えていた私って…立ち直りが早いのね…。
ふ〜〜ん
小林よしのり状態
さてさて、今回ご紹介するこのおもちゃ達……
とりの親子 9.800円
あひる(大) 4.000円
(小) 3.200円
ながいとり 2.800円

これぞおもちゃのデザインでは、ひとつの頂点であろう
さかなと人
3,200円
ながいさかな
2,800円
ドイツの生んだ偉大な芸術家アントニオ・ビタリー氏の鳥と魚です。デザインなんてどうでもいい……って方には『なんて高いの、たかがおもちゃなのに』なんて言われちゃいそうですね
でも、こういう物こそ感性のまだ鈍ってない子ども時代に出会ってほしい……そう考えた私は
全部でいくらだ？ ン？ 2万と5,800円？ んじゃあ長い鳥と長い魚一匹づつ追加だあ！ 31,400円？ よっしゃア
冬のボーナスでイッキ買いをした。
木の肌がほんとスベスベしてて
うっとり‥‥
ツツツ～
触ってるだけでアッチの世界へ行っちゃう奴もきっといるだろう
お前だヨ
お父さん、この2匹は魚だからお風呂で泳がせてあげよう
え～～？ こいつらをォ？
それはちょっと……ウ～ム ま、いっか……
よし、いっしょにお風呂入るか
飛び込みま～す
とぷ～ん
翌日……
わ～い
ぷか ぷか…
が～ん
お、お肌が…ガサガサのザラザラのガビガビになってるゥ

わ〜ん
お父さんのせいだァ
ぽかぽか
んなむちゃな
そうだ
これ、ぬってあげよう
NIVEA Creme
ニベア クリーム
でも、ホント……どうしよう
あ、あの…ホラ、
ベトベトになるから
少〜しね…
ほんのちょっと…
…そうそう うすくのばして…
ま、ニベアクリームで元のツルツルスベスベのお肌にもどる訳もなく、
結局、紙ヤスリの超細かいヤツ（1,000番）で、たんねんに、ていねいに、時間をかけてこすってあげて
この一件は解決したのでした。
修理とか復元といった作業がけっこう好きなんだよね、これが……
シャカシャカ…
さて、友里がこのビタリーの鳥と魚たちで、どう遊ぶか？と言うと……ですね
ねェ ながい鳥さん
向こう岸に遊びに行こうよ
やっぱり〝ごっこ〟が中心です。
いいよ…
でもボクさまだ泳げないんだ

※注・三羽のひよこには、それぞれ、イチロー、エイスケ、ユリ…という名前が付いている。

ネフ社創設者、クルト・ネフ氏の講演会に行ってきました。

日本の、おもちゃを愛する皆さん、こんにちは。クルト・ネフです。今年71才になりました（独語）

一時間半の講演の中で、印象に残った言葉を拾ってみました。

かつておもちゃは、親が子どもの為に、作ってあげるモノでした。時代が変わり、それが工場で大量生産されるようになると、親はおもちゃを子どもの為に作るのではなく、買う側になったのです。作り手と消費者は、時代と共に、触れ合うことがなくなってきました。

作り手は、利潤を追求し、より早く、新しい物を、TVコマーシャルなどで、消費者にあおる傾向になりました。

残念ながら、今「子どもの遊びとは何か？」を真剣に考える作り手がどれだけいるでしょうか？・・・・「遊び」こそ「生きていくのに必要なもの」です！

〃遊び〃を、よくしなかった子どもは、問題行動をおこすようになり、大人になってからも、セラピーが必要になります。

〃遊び〃と〃おもちゃ〃が、いかに大切か？…という点で、私が考える、おもちゃの定義を申し上げましょう。

おもちゃとは…

- ファンタジーを、うながす物でなければならない。
- 発達を助ける物でなければならない。
- 文化を継承するものでなければならない。
- 環境の一部である。
- 年齢に合った物でなければならない。
- （遊び手の）要求を、まず第一に考えなければならない。
- ひと通りでなく、多様な遊びができなければならない。
- 形の上でも、美しくありたい。
- （遊ぶことで）いろいろ知ることが出来る物でなければならない。

（おもちゃの）素材は、大事な要素です。木が全てではありません。場合によって、プラスチックや金属がふさわしい時もあります。

又、おもちゃは理解可能な物でなくてはいけません。つまり、そのおもちゃに触れて遊ぶことで、その関係や、しくみを知ることが出来る物が良いわけです。

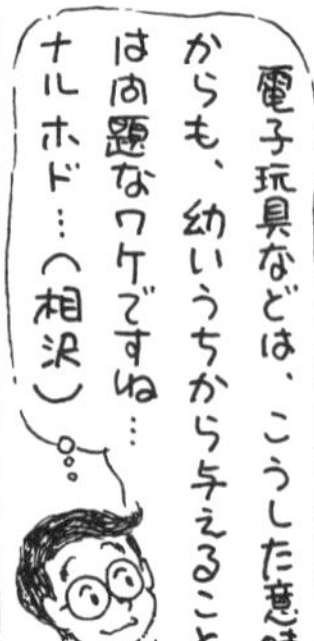
電子玩具などは、こうした意味からも、幼いうちから与えることは問題なワケですね…
ナルホド…（相沢）

発達を助ける…という意味で「遊び」「おもちゃ」は教育なのです

ペスタロッチ、フレーベル、モンテッソーリ、シュタイナーといった先人の教育家も、遊びの必要性をとなえています。

1920年、ドイツの建築、美術学校のバウハウスでも、優れたおもちゃが作られました。バウハウス・ミュージアムの依頼でネフ社でも、3点のレプリカを製作し始め、現在も作られ続けています。「古典が今日《こんにち》でも有効性を持つ」という好例でしょう。

ネフ社の社長だった頃、経営者として、特に注意したことは、パッケージ、カタログ、価格です。特に、価格に関しては、高品質で、できるだけ安くあがる様、つとめました。なぜなら…

おもちゃが一部の金持ちの為のものであってはならないからです

これが、とかく高いくと言われがちな、あのネフ社の創設者の言葉だと、改めて考えると、実に意味深い！…と、私は思いますね。

Naef-Spiel

Nr9401
Design
Kurt Naef
Copyright 1957

Cubicus

Nr9609
Design
Peer Clahsen
Copyright 1969

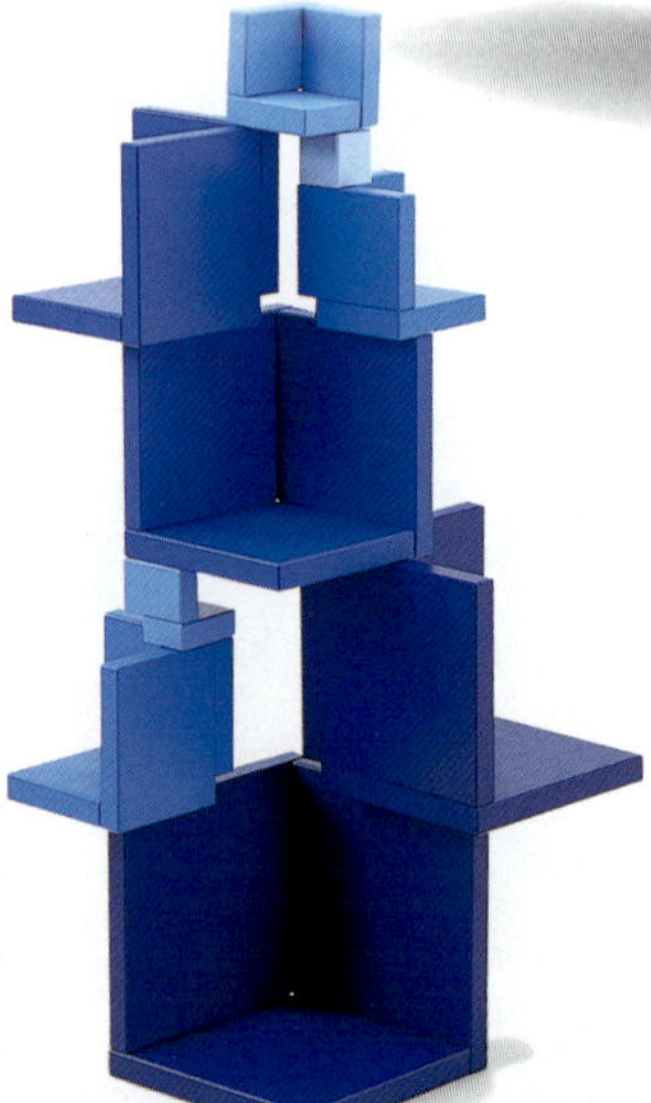

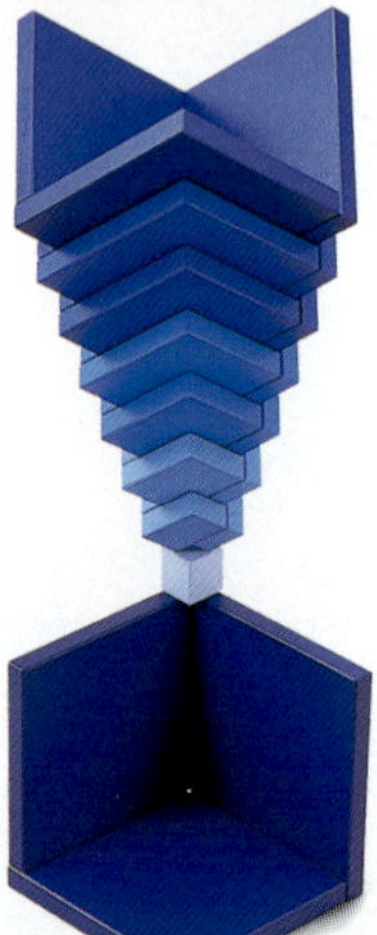

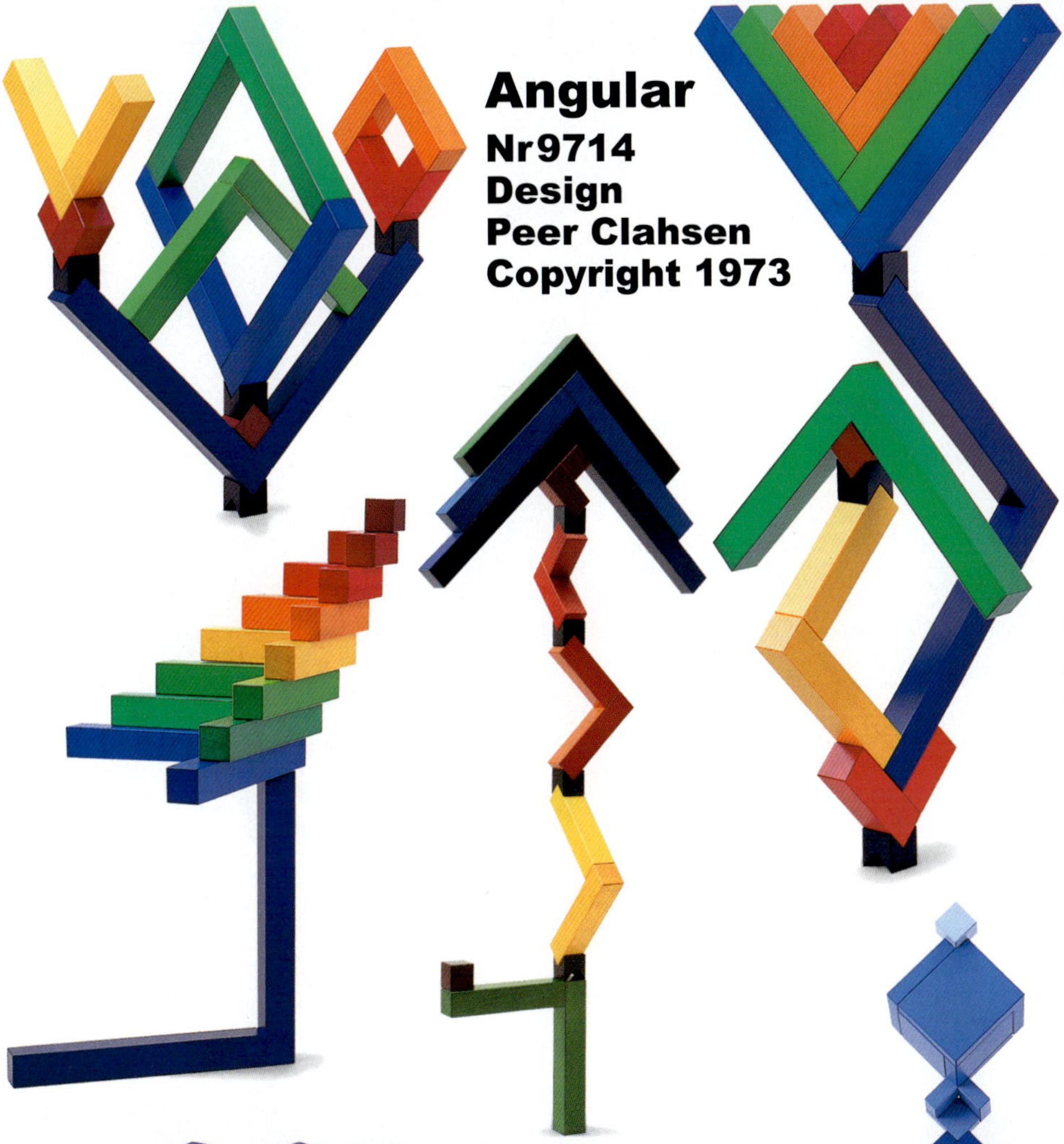

Angular
Nr9714
Design
Peer Clahsen
Copyright 1973

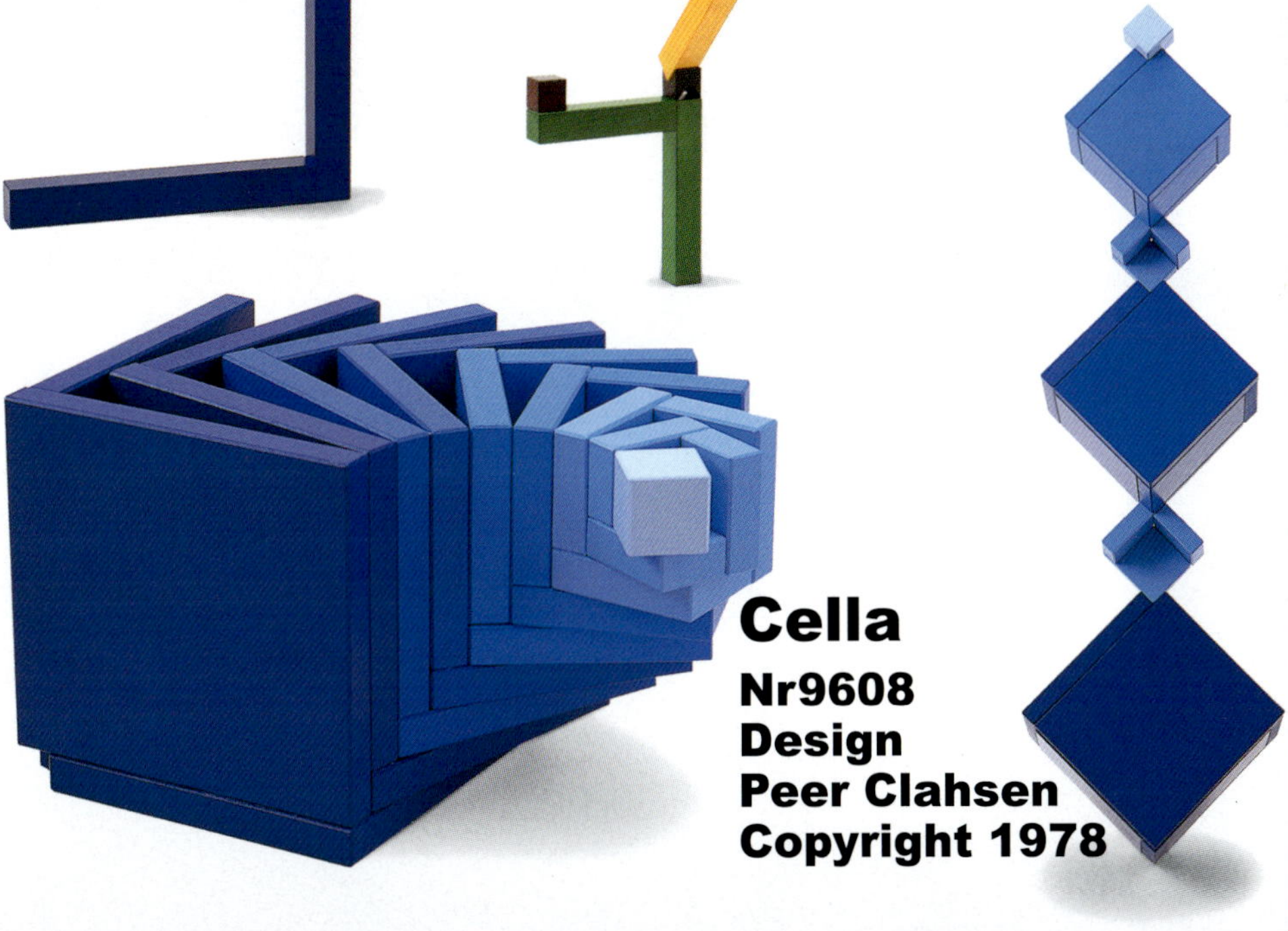

Cella
Nr9608
Design
Peer Clahsen
Copyright 1978

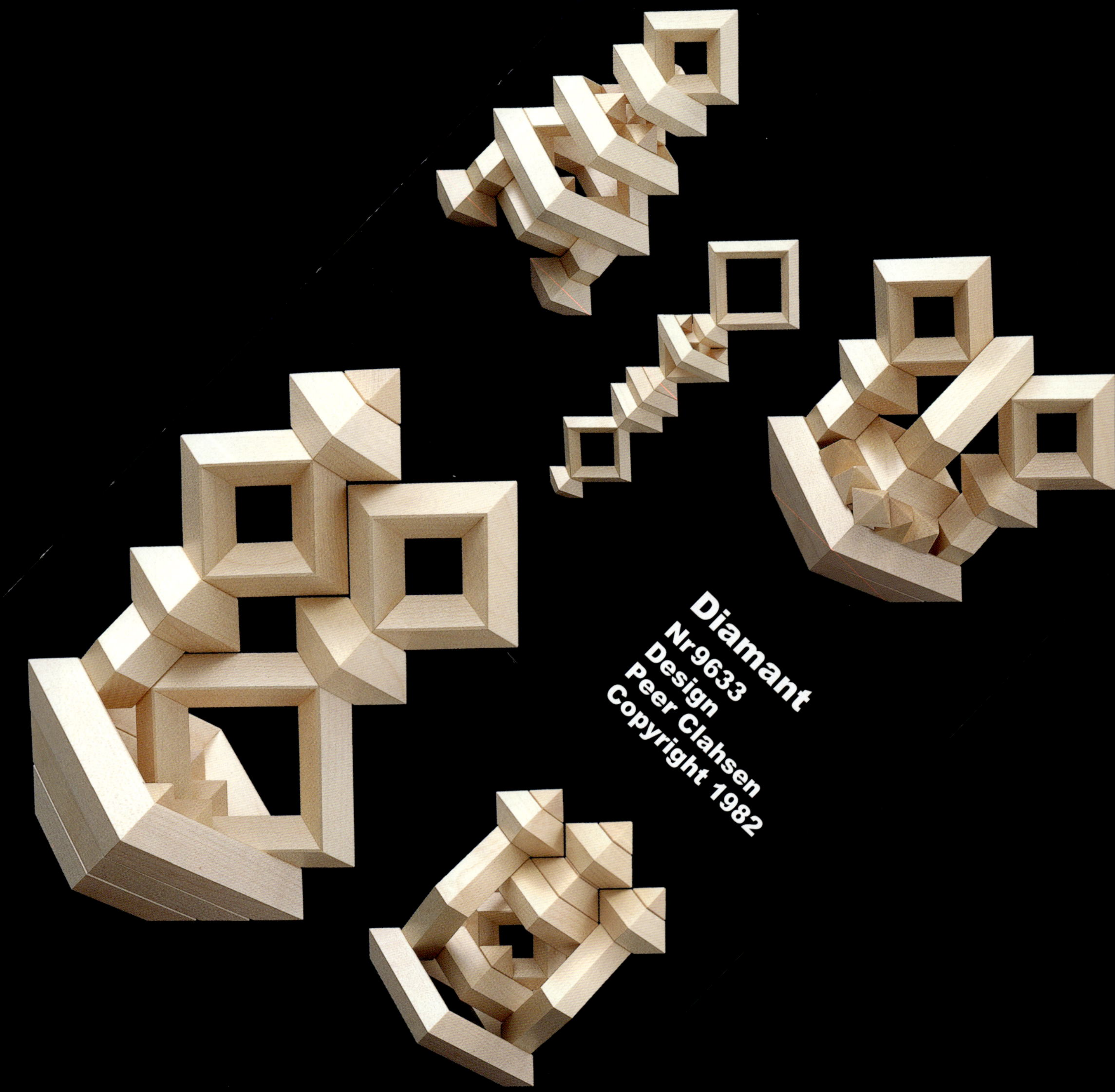
Diamant
Nr9633
Design
Peer Clahsen
Copyright 1982

Ligno

Nr9408
Design
Peter Schmid
Copyright 1959

Mosaik

Nr9633
Composition
Kathrin Kiener
Copyright 1987

Vivo

Nr9405
Design
Yasuo Aizawa
Copyright 1993

Arena

Nr9428
Design
Yasuo Aizawa
Copyright 1996

Combination

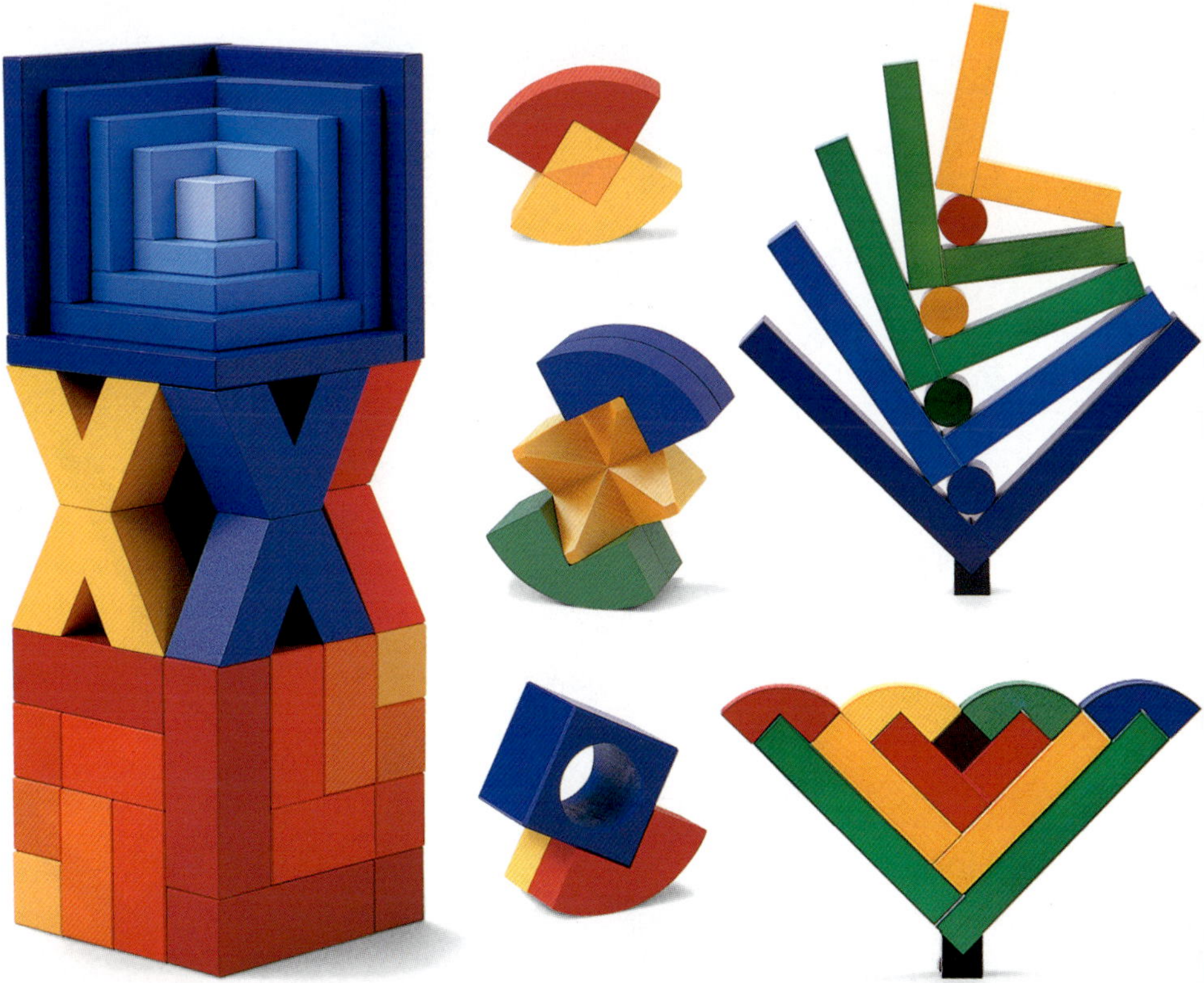

Photo
Nobuhiko Honma
Layout
Yasuo Aizawa

「マイ フェイバリット ネフ」について

このカラー頁のパターンは、すべてネフ社の既成のパターン集にないオリジナルパターンばかりである。考案は、私と木楽やのさいとう君。はっきり言って二人の遊び心と技の結晶である。家庭や保育室で「え、こんな積み方もできるの?」「あら、これとこれ、こんな風にも組めるのね」という具合にさまざまな遊びのきっかけにしていただければ私は大いにうれしい。

このカラー頁を作る作業すべてが本当にたのしかった。以下の方々に感謝。オリジナルパターンを私と一緒に考えてくれたさいとう一紀君。すべて新品の積み木を提供してくれた柿田友広氏、その新品の積み木をガラガラ崩しながら何度も組み替える二人を、根気よく待ち、希望通りに写真を撮ってくれた本間伸彦さん、ハイテクオンチの私の手足になってｉＭａｃ《アイマック》でレイアウトを手伝ってくれた佐々木隆行君。みなさんのお陰ですばらしいカラー頁ができました。ありがとう。

このカラー頁が多少なりともおもちゃ界、美術・デザイン界に話題になるようなことがあれば(それくらいのことがあってもよかろう…という自負もあるんだけどネ)みんなでイッパイやろうぜ!

タイへ行ってきたぞ……の巻

えー…私この度タイへ行ってまいりました
タイ山岳地方の民族衣装

チュラロンコーン大学※1の芸術学部、工業デザイン科の創立80周年の記念講演…なあ〜んてコトをやってきちゃった訳です。

そもそも なぜ私なんぞに そんな依頼がきたのか？…てぇとですね…

タイには世界で二番目※2の規模を誇る「プラントイ社」という木製玩具メーカーがあります。（従業員なんと700人！）

で、かれこれ2年前からでしょうかこのプラントイ社が、私といっしょに仕事をしたい、つまり平たく言えば私にデザインを提供してほしいって事なんでしょうが…ラブコールがあったんですね。で…

実は私…この有り難い申し入れをずっと断り続けてきた訳です。なぜって、プラントイ社の製品で、全てヨーロッパの木製玩具の亜流、つまり、オリジナリティーに欠けるんですね。

私はデザイナーとして〝オリジナリティー〟には人一倍、イヤ人三倍くらい、こだわりがあります。

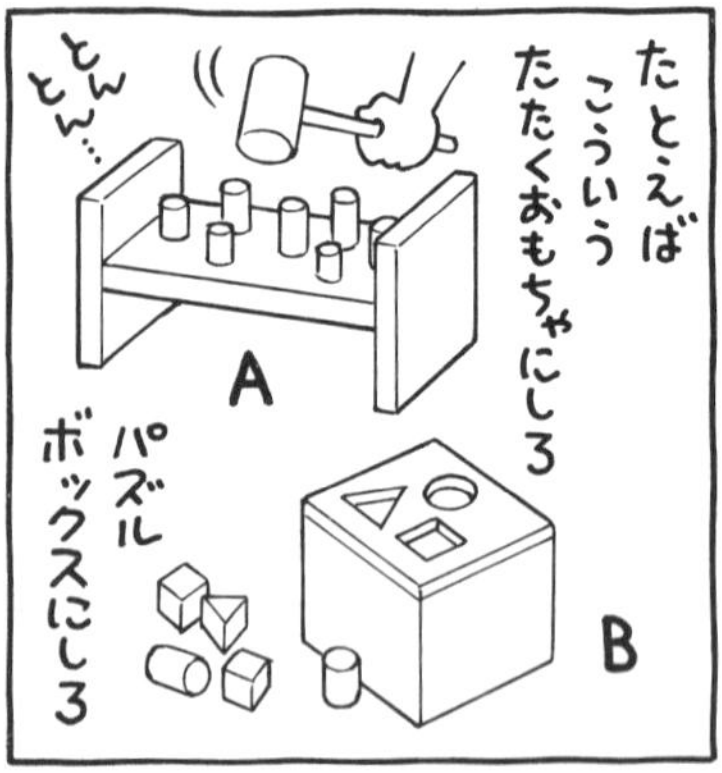
たとえば こういう たたくおもちゃにしろ
とんとん…
A
パズルボックスにしろ
B

世間には はいて捨てるほど類似した製品があります。木製のものやプラスチック製のものなど、いろいろとね…でも、これらにしたって一番初めに考え出して、作ったデザイナーと、メーカーが必ずあった訳です。（ちなみに図Aのハンマートーイは、クルト・シュフラーが、図Bのポストボックスは、エルキィ・ユシュラがそれぞれ その原型を作りました。）で、なんと、これらは2つとも40年以上たった現在でも作り続けられています。

私は、これを〝オリジナル〟と呼びます。これ以外は絶対認めない、なんて言いませんが、苦しんで、考えに考えて生まれたオリジナルには、必ず、ある種の厳しさと、そして美があるのです。他社がパーツの数や色を変えて類似品を出しても、余分な事だったり、甘くなったりするだけなんですね。これが不思議と…

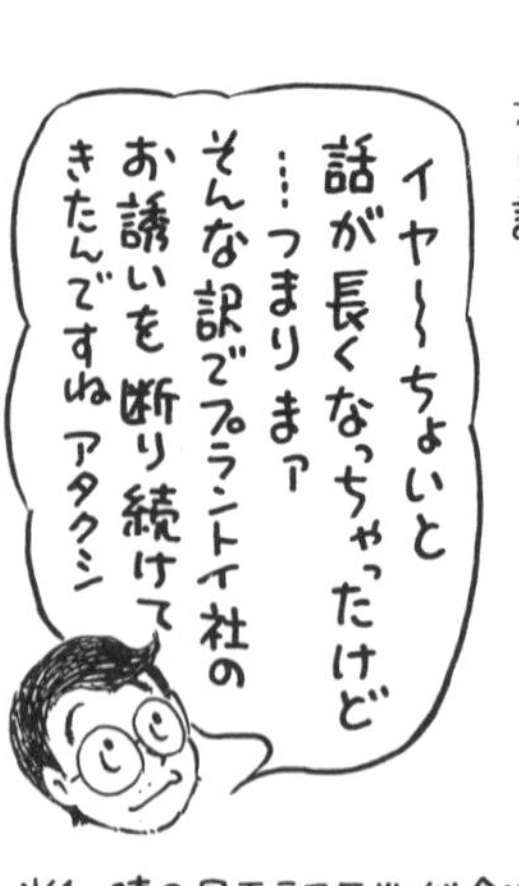
イヤ〜ちょいと話が長くなっちゃったけど…つまりまァ
そんな訳でプラントイ社のお誘いを断り続けてきたんですね アタクシ

※1 時の国王ラマ5世が創設したタイで最高とされる大学。タイの東大なんて言い方もされます。

※2 ちなみに世界で1番大きい玩具メーカーは、スウェーデンのブリオ社（BRIO）です。

タイトルは「マイデザインポリシー」
My design Policy
By Yasuo Aizawa
サワッディー カップ ポム
インディー ティーダイマー デュラー
ワンニー ローイ シャパ
ヤンニン ライ ポップ トゥタン
ティー チャップ コングレン
あ、日の丸…
〔訳〕タイの、おもちゃを愛する 皆さん、こんにちは

さてさて、ところでプラントイ社はタイ国内でも最大級のメーカーな訳で、特に輸出が中心ですから外貨を稼ぐ点で通産省あたりにも顔が効くらしいんですね。で、通産省の依頼で、チュラ大講演と あいなった訳です。

ともかく、アイザワをタイに呼びよせよう…ってコトですね。で、まあ、そこまで言って下さるんならと、プラントイ社で今後仕事をするかどうかは別として、今回はお誘いを受ける事にしたのでした。

えー…講演の内容に関しては、タイトル通り、日頃デザインについて、私が思ったり考えている事を、(特に、私はその多くをスイス・ネフ社の物作りから学びましたので)ネフの積木を実際に操りながら話させてもらいました。

評判がどうであったか…と言いますとォ、エッと、今回の旅行に同行してくれた、てとてと工房の高橋美恵子さんが『てとてと通信』に書いてくれた文章を紹介させてもらいます。

今回のタイツアーの最大イベント、チュラロンコーン大学招請による、相沢康夫氏講演は、タイ語のあいさつではじまり、大喝采。大学教授陣、デザイナー、学生等が、身を乗り出し、また立ち上がって、熱心に見、聞いていました。ネフ社の積み木を、次々操るパフォーマンスに、息を詰める一瞬、そして感嘆のどよめき、拍手…。

「ネフの伝道師」を自称する氏ならではの、熱気あふれる講演会となりました。

『てとてと通信』7月号より…

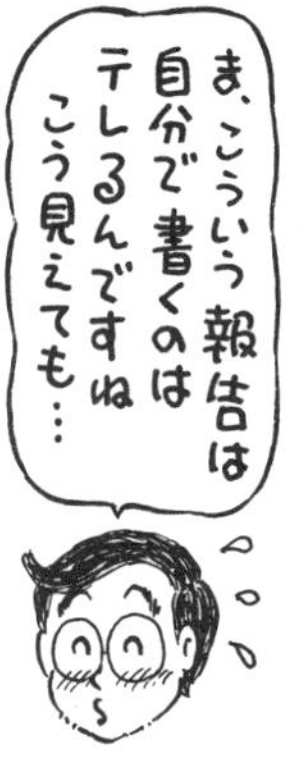
ま、こういう報告は
自分で書くのは
テレるんですね
こう見えても…

プラントイ社に協力する形で行われたワークショップについてちょいと書きましょう。来年度の新製品の試作に対してアドバイスをする…という仕事で、場所はバンコクのロイヤル・プリンセスホテル。※3

若いデザイナー達が自作のおもちゃを一点ずつ紹介し、それに対して、いろんな立場の人が意見を述べる、という形式で行われました。メンバーはプラントイ社のビトゥーン社長はじめスタッフ一同。他に、心理学者、学校の先生、日本からは、プラントイ代理店、アオシマのケン・前畑氏、発達の専門家、高橋美恵子さん、保育園の保母さんである小長井るり呼さん、そして私…でした。

で、意見を求められる度に、一番辛口の発言をしたのは、かくいう私なのでした。

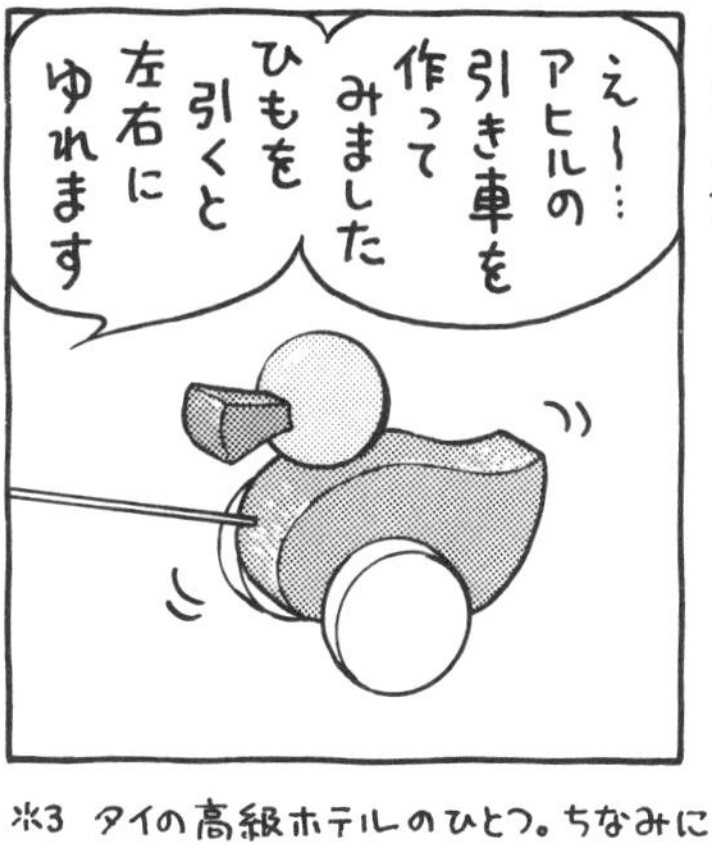
えー… アヒルの引き車を作ってみました ひもを引くと 左右にゆれます

※3 タイの高級ホテルのひとつ。ちなみに私は、タイにいる間中、ここに宿泊しました。

ちょっとまってよ、それ、ヴァルター社(ドイツ)の製品とどこがちがうの？
色です
そんなもんオリジナリティーじゃない！
ねこのカレイドスコープです
私
デザインに品格がない！
アルファベットのメモリーです
私
おもちゃじゃない！教具だ
カメレオンの巻尺を作りました
私
余分な事だシンプルに！

――と、まあこんな感じで、この新作会議を2日に渡ってやった訳です。しまいにはアタシャもう、なんかヘトヘトでしたね。厳しい意見を言い過ぎた様で、だんだん孤立しちゃう……みたいな気分にもなってきました。（若いデザイナー達、相当傷ついためげたりしたんじゃないかな…）なんて心配になったりね…。

しかし…

その後、前述のチュラ大講演と、プラントイ社本社での、私とデザイナー達との丸一日かけたディスカッションの末に、ですね、ようやく私の考えるオリジナリティーというものが、彼等にも理解してもらえたな…と思えるに至り、私はホッと安堵の胸をなでおろしたのでした。イヤハヤ…。

プラントイ社の若い連中は総じて、●真面目 ●誠実 ●ウソがない…という印象でした。気持ちが通い合う奴等だな…と、いやホント。

では、なぜ彼等は平気でヨーロッパの製品の亜流を作っちゃったりするのか？ てェとですね、まず意識の点で基本的に模倣しちゃう事を、恥ずべき事と考えてない……ってのがあるでしょうね。でも、もちろん、プラントイ社なりの工夫やアイディアもあって、マネとオリジナルの境界線をどこに引くかという点で、私が考える線より、彼等はずゥ〜〜っとずっと甘い…という所なんでしょうね。実際ひどい会社は、オリジナルとす分違わない完全なるコピーを平気で作っちゃうからね。こういうユ、ユルセネ〜会社って、日本にもあるんだぜ。実名を書いて訴えたくなっちゃいますが、今回はやめときます。

おっと、プラントイ社に話をもどして、ですから、あくまで厳しく〈。オリジナリティーにこだわり続ける私の意見というのは、彼等にとって、驚きだったかもしれませんが、きっとプラスになったんじゃないかな…と、自分に都合よく考えております。つまり、今、高度成長期のタイは、価格が安いってんで売れているかもしれませんが、やがては品質を問われる時代がきっと来るだろうからね。

実際、プラントイ社が世界で二番目の巨大メーカーになり得たのは

"価格が安いから"なんですね。人件費の安さもさる事ながら、素材の安さが売り値を下げている最大の理由でしょう。

プラントイ社の木製玩具は、全てゴムの木を使って作られています。

ゴムったって
枝が
伸びる
訳じゃ
ありません
ねんのため
ぐにゃ〜ん

木工関係の職人さんは、ほとんど皆「駄木」と呼んで馬鹿にする材です。とは言え、今、積木に最も多く使われるブナ材にしたって「木《き》へん」に「無し」と書いて「橅《ブナ》」、「あんなモン木じゃねェよ」って馬鹿にされてた時代がある訳でね…。今ではブナは貴重品ですもんね…。

さて、ゴムの木って、タイみたいな暑い国だとすぐ育っちゃうのね。で、樹液のゴムを採《と》ったら、切って焼き捨て、すぐ又植える…と、こんな事をくり返してた訳ですよ、タイでは。

この、言わば廃材に目をつけた所がプラントイ社の素晴らしい所なのです。安い上に…

だいいち環境にやさしい

導管が太くて、雑な感じのする木ではありますが、実は私…この木、そんなに嫌いな材じゃないのね。だからプラントイ社から自分の製品が出る事になっても、その点に関しては、何の問題もありません。逆に賛成しかねる点は、最初《ハナ》っから くり返し書いている所の

● 会社としての、オリジナリティーのなさ

……そして、

● 製品の完成度

…なのです。"安いんだから、ま、こんなもんだな"みたいな作りが、私にはもうひとつ気になっちゃう訳ですね。

私が既に仕事をしているスイス、ネフ社は、その美しさと品質が世界で最高の水準ですから(ネフと比べたら、そりゃ気の毒だ…)という気持ちもありますが、まァともかくこの2つがクリアーできれば、私はプラントイ社と、今後もおつきあいをしてゆきたいと、今、考えています。そして、プラントイ社の皆さんは、このアイザワの高すぎるかもしれない要求に、一歩ずつでも、近づき、応えてゆきたい…と、言ってくれているのです。有難いことです。ハイ。

最後に、車の中で、ビトゥーン社長※4と交した、私の胸をグサッ!…と刺した会話の全文をご紹介しましょう。

ビトゥーン「ミスター・アイザワ、ヴィボ※5はネフ社で、年間いくつ位作っているの?」

アイザワ「600個から700個ですね」

(これは年一回印税《ロイヤリティー》の証明書が届くので正確に即答できる訳ね。)

ビトゥーン「例えばの話だが…ヴィボをもし、プラントイ社で作ったとしたら、年間2万個は売る自信があります。君が品質のグレードに志しを持っている事はよくわかったし、大切な事だと思うが、だね、君が多少なりとも、目をつぶりさえしたら、つまり、我が社はネフ社の様なグレードは出せないけれど、一年で700人の子どもではなく、2万人の子どもが幸せになれるのではないかな?」

実は、この幸せになれる…という表現に圧倒され、即答ができなかった私なのでした。

※4 現在45歳、ほんの10年ほどで自分の会社をこれほどにしてしまった切れ者。会ってみると、やさしそうなただのおっちゃんに見えるところが又すごい。

※5 1993年にネフ社より発売された私の2作目のおもちゃ、V字型の積木です。

タイ特集 その2

タイを観光して感じた事など…の巻

タイは燃えていた! アジア人の血がさわぐ

☆私が最も好きなタイ語は「マイペンライ」。You are welcome《どういたしまして》にも使うけど、日本語の「ま、いっか〜」にも使う。人を許す言葉

水上マーケットにて….

舟で、そばを売るおばちゃん

川いっぱいに浮かぶ小舟は、フルーツや土産を売るおばちゃんや兄《あん》ちゃんたち。中でもタイ式のそば(下図参照)を売る舟が最も多い。岸から声をかけて注文すると、器用に近くまで舟を漕いで来て、そばを作ってくれる。**ウマイ!** でも、おばちゃんはおたまを川で洗って、そのままスープをよそったりする….。けっしてきれいとは思えない川の色(濁った土色《つちいろ》)。こういうアジアンパワー(?)を目のあたりにすると、抗菌や除菌が流行《はや》る日本は、(そのうち)滅びるかもしれない…なんて思っちゃったりするぞ、オレは…。

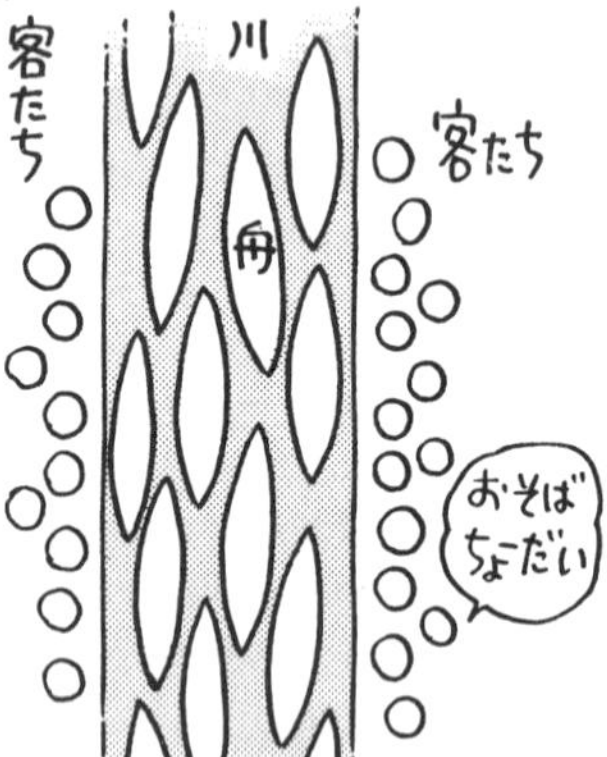
客たち
川
舟
客たち
おそば ちょだい

タイのそば三タイプ。

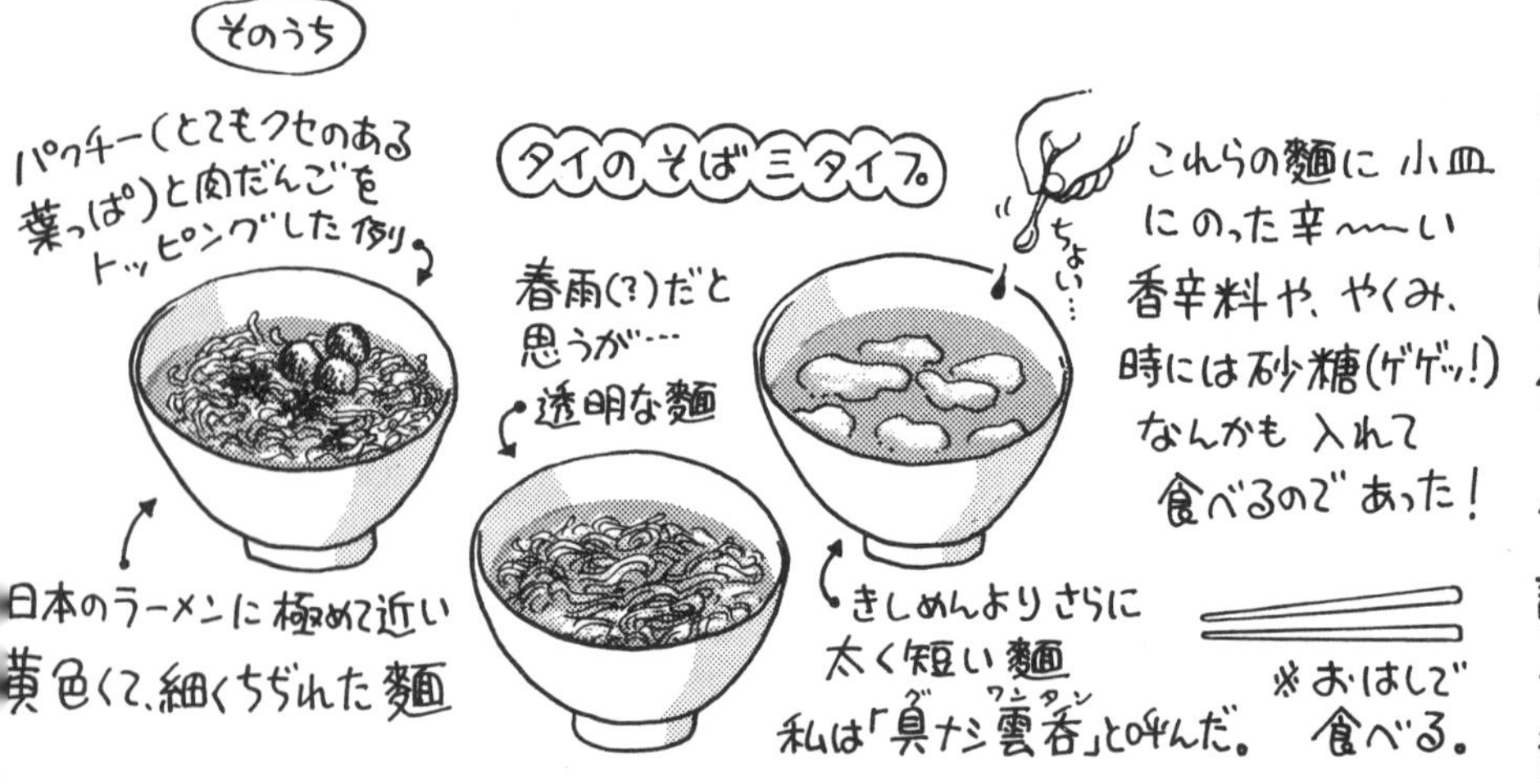
パクチー(とてもクセのある葉っぱ)と肉だんごをトッピングした例
日本のラーメンに極めて近い黄色くて、細くちぢれた麺
春雨(?)だと思うが…透明な麺
ちょい…
きしめんよりさらに太く短い麺
私は「具《グ》ナシ雲呑《ワンタン》」と呼んだ。
これらの麺に小皿にのった辛〜〜い香辛料や、やくみ、時には砂糖(ゲゲッ!)なんかも入れて食べるのであった!
※おはしで食べる。

バンコク道路事情

とうちゃん
3~4才
かあちゃん
赤ちゃん
ガタゴトガタゴト…
YAMAHA

タイでは上図の様な乗り方は、当り前なのね。道路交通法が無いのかと思えば否、こんなのが多すぎて取りしまれないんだそ～な。

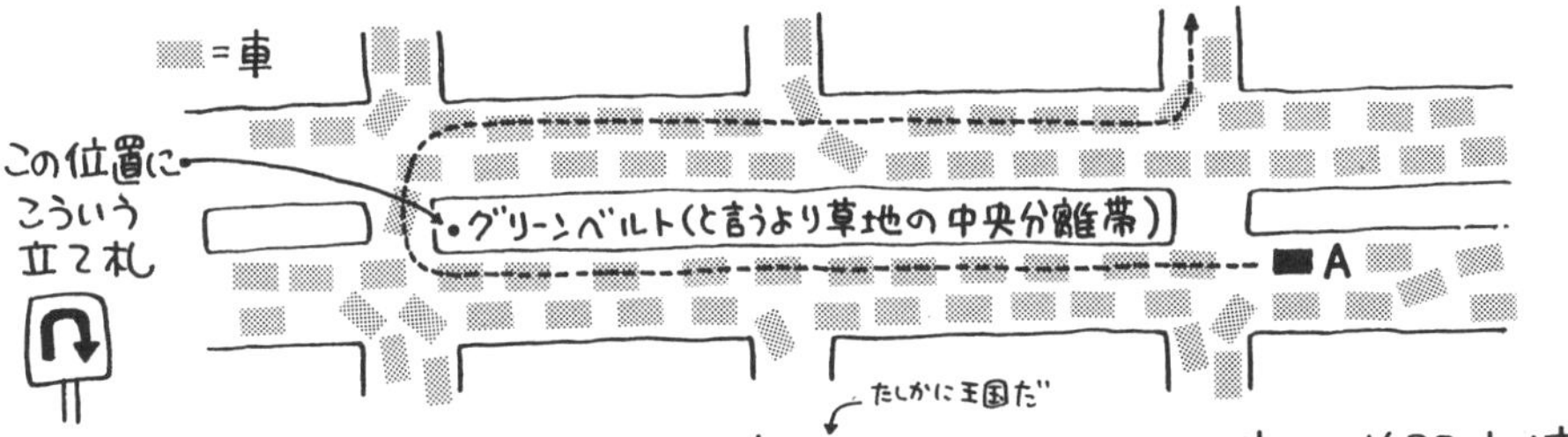
■=車
この位置にこういう立て札
グリーンベルト(と言うより草地の中央分離帯)
A

たしかに王国だ

バンコクは世界で一、二を争う渋滞王国! 地下鉄が無い事や道路事情の悪さもさる事ながら、な～んか動きの効率が悪いような気がするんだよね。例えばA地点にいる車が右折しようと思うと、大渋滞の中を点線のような道すじを通らなきゃなんないのよ。(ほとんど右折禁止?) なんかヘンでしょ?

トゥクトゥクトゥクトゥク…
ガラス面はここだけ
遊園地みたいで楽しい

これがタイの名物、その名もトゥクトゥクだ。ちょっとそのへんまで……という時のTAXI。ハンドルがバイク型の三輪車。昔のミゼットを思い出す。(あっと、年がバレる)

☆ホテルでTVのチャンネルをひねっていたら日本のドラマ(吹き替え)をやっていて、ノリピーがタイ語でしゃべって泣いていた…。

☆私はタイに滞在中、毎日NHKニュースを見、読売新聞を読んでいたので、神戸の胸クソの悪い事件もリアルタイムで知っていたのだ。

再度食べ物の話

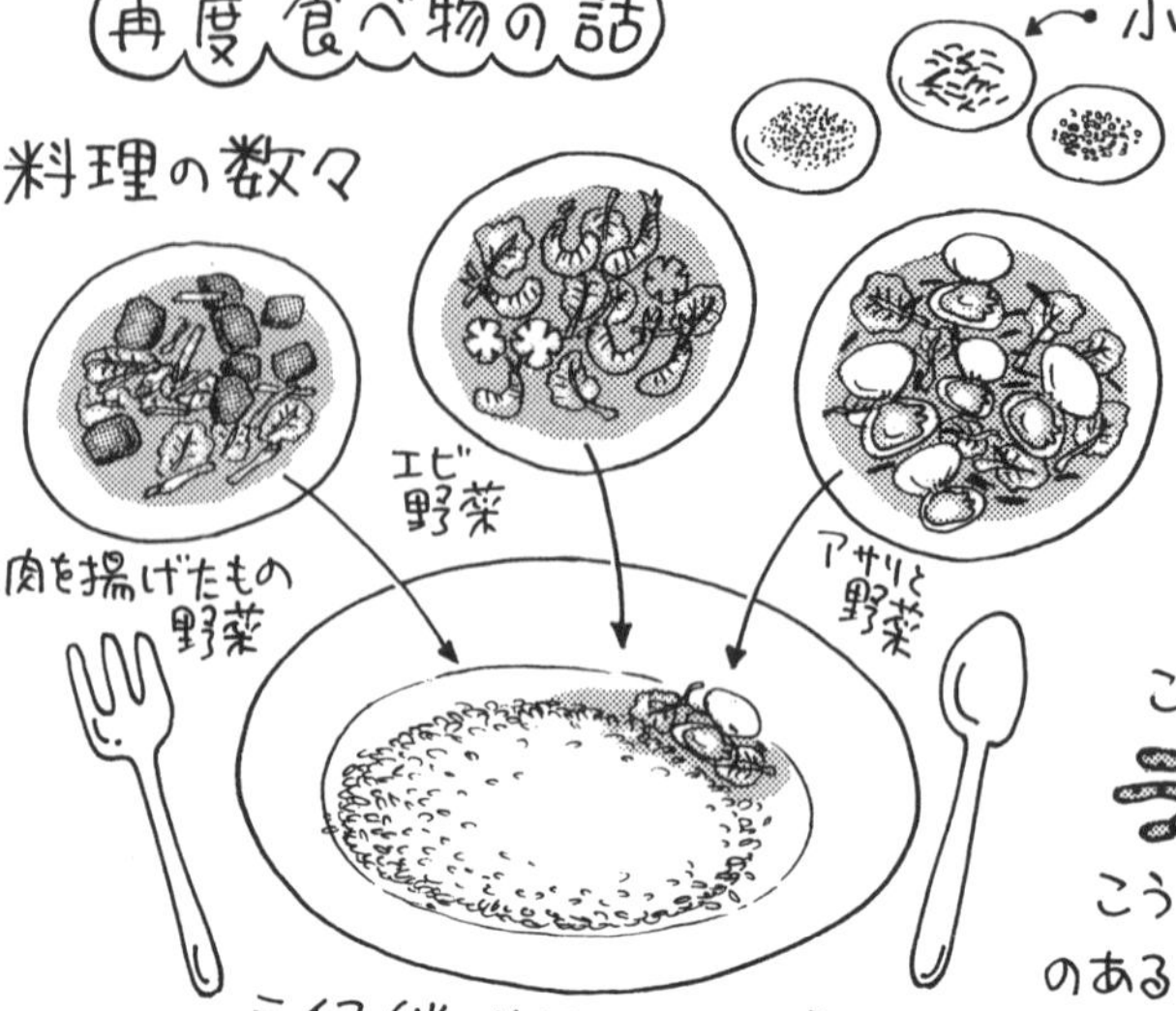

小皿には香辛料
料理の数々
エビ 野菜
豚肉を揚げたもの 野菜
アサリと 野菜
ライス(当り前だけどタイ米)

ナイフを使わずフォークとスプーンでいただく。ライスの脇に料理(汁っぽい)をのせる。この時、大事なのは、汁もいっしょにすくってライスとまぜること…。

このベチョベチョライスが

うまい!! ほんと!

こういう食べ方の場合、ねばりのある日本の米より、タイ米の方がはるかにGood…だと思う。

かつて我が国がタイ米の、本当の喰い方を知らずに、タイ国とタイ米に対して、たいへん失礼な扱いをしたってコトを、ちょいと思い出しちゃったね、アタシャ。

◎ドリアンはとうとう食べる機会がなかった……

タイフルーツ

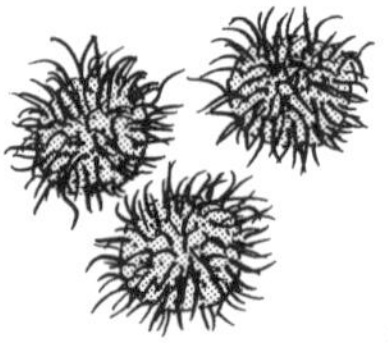

ランブテン

見た目は品格に欠けるけど、この毛むくじゃらの皮をむいて食べるとウマイ。

マンゴステーン

こちらはカロリーカットの効能があるそうで、同行した高橋さん、小長井さんは大量に買い込んだ。(ゴメンね ばらしちゃった マイペンライ…)

☆トムヤムクーンばかりが有名だけどタイの代表的スープはゲンリエンなのだ! 生姜、ニンニク、レモングラスなどのハーブ類がふんだんに入ったとても体に良いスープ。辛いとこは同じ。

☆タイは地鶏のチキンがうまい。ためしに「ケンタッキー」へ入ってみたらやっぱりうまかった。ドでかい骨つきでびっくりしたけどね。

私のおススメ本

タイ関係の本で、私が最も好きな本はコレ→
「アジアの子どもに帰る旅」という副題が物語る通りの、パワフルで痛快なエッセイ。読みやすい!

陽気なタイランド
森下ヒバリ

(森下ヒバリ著 理論社刊 1359円+税)

☆観光バスで知りあったカナダ人の兄ちゃんに「私はフレデリック・バックをとても尊敬している」と言ったら、彼は我が事の様に喜んだ。
（カナダのアニメーター！代表作『木を植えた男』）

おみやげは…やっぱり本が多いのね　重いんだコレが～

タイ語版『かいじゅうたちのいるところ』（自分に…）

『ぐりとぐら』（友里に…）

『動物のお医者さん』（妻に…）

『バンパイヤ』（自分に…）

『タンタン』（一郎に…）

『烈＆豪』（英介に…）←豪の字が反転してる

ついでに漫画について…

日本で、今売れている漫画のほとんどは、タイ語に翻訳されていると言っていいほど、ジャパニーズコミックは普及している。ただしセリフが横書きの為、左開きで絵は全て反転図（全員左きき…）。タイ製の漫画はB級ホラーが多く、ムチャクチャなパワーにあふれている。これに関しては、唐沢俊一氏の『アジアン・コミック・パラダイス』（KKベストセラーズ）にくわしいので興味のある方はどうぞ…オタク系かもしんないけどね

☆私が買って帰ったタイの漫画（なんと、ドラエモンが王宮やバンコクの渋滞の上を飛ぶ…）著作権はないのか？盗作贋作なんでもアリ！

日本の漫画はスケベと暴力が多くて、子どもにはあまり見せたくないなァ…

プラニートイ社・ビトゥーン社長

ウ～ム　タイの漫画もけっこうドギツイのに…

でも、日本には素晴らしい漫画作品も数多くありますよ

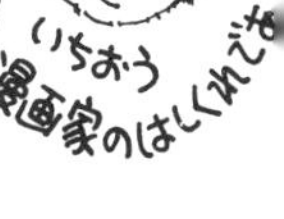

いちおう漫画家のはしくれでも…

オリジナリティーへのこだわり

忘れられない思い出がある。

小学校一年の時だった。図工の時間、みんな電車の絵を描いていた。小一の画力で電車の絵を描くと言えば、まァおしなべてA図のようなものであろう。白状すると、私は当時から、（人よりは多少絵が上手《うま》く描ける）という自負があった。それはプライドと言ってもよく、その点では、私はヤなガキだったかもしれない。そんな私が課題の電車を、どう描こうかと迷っていると、いきなりU君の絵が目に飛び込んできた。その時の衝撃は、天地が揺らぐほどで、私は愕然とした。U君の絵の構図は、B図のようなものだったのだ。この構図のとり方は、小一の画力のレベルをはるかに逸脱したものと言える。今思えば、U君はただ図鑑の絵を思い出して描いたのかもしれないのだが……。しかし、私のショックは大きく、プライドも揺らぎ、自分はどう描けばいいかと、途方にくれてしまった。

U君の絵の斬新さに気づいたのは、私だけではなかった。誰かの、「U君すっげェ～」の声の元に、多くのクラスメイトが集まり、ひとしきり話題になった。が、その直後、一人の男子生徒が、U君と全く同じ構図で絵を描き始めたのだ。すると、一人また一人と、五、六人の男子が、皆同じ構図の絵を描き始めたのである。笑い合いながら……。私はその光景を、どこか遠い町でおきた、いやな事件のように感じながら眺めていたように思う。非常に不快ではあった。ただ、彼らにマネをする事の卑しさを抗議する事より、自分の電車をどう描けばいいのかわからないあせりが勝《まさ》っていたかもしれない。結局、私は前述のA図のような絵を描いて提出した。U君の、U君の絵をマネた何人かの、そして私の評価がどうだったかは、時のかなたにすっかり忘れてしまっている。

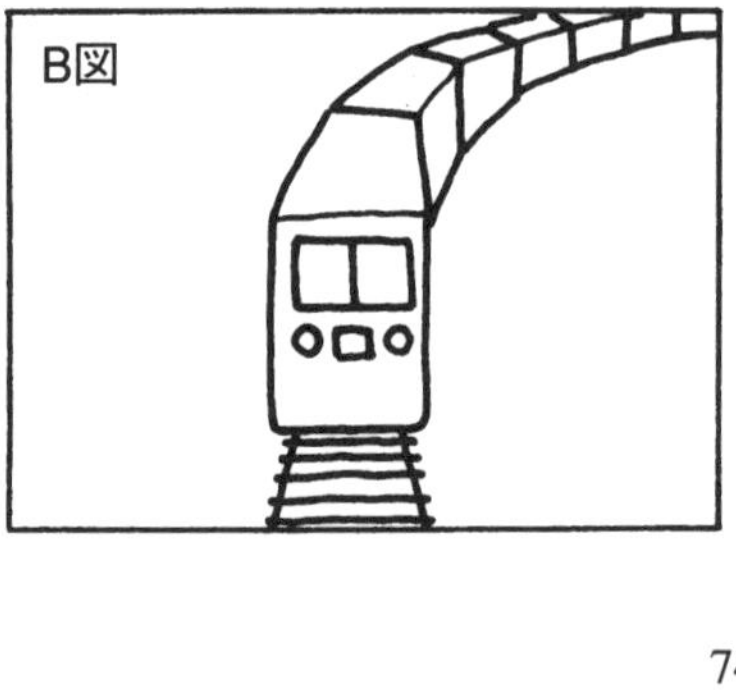

小学生時代の、このエピソードは、私の貴重な原体験だったのだと、今思う。この体験が、私の中に〝オリジナリティーへのこだわり〟という、ひとつの価値観を強烈に植えつけたのである。今、私はデザイナーという、創作に属する仕事をしながら、その最も大切な要素として、オリジナリティーをあげる。

そもそも、ネフ社の何に、私は惚れ込んだのか?……と考えてみた。優れたデザイン性や美しい仕上げ、という答がすぐに浮かんでくる。が、それ以上に私をひきつける要因があるとすれば、それこそがオリジナリティーであると思う。

約半世紀ほど昔、いわゆる積み木の基本型は、立方体や直方体、アーチ型だった。そんな時代、クルト・ネフ氏は、それまで誰も考えつかなかったカットを立方体に施し、リボン型の積み木を作り上げた。ネフスピールである。彼は、これをアートやオブジェとしてではなく、子どもが遊ぶための積み木として位置づけた。その着眼に、ネフ氏の先見性とオリジナリティーがあったと、私は思う。大袈裟に言えば、この時、おもちゃの世界に、デザインという概念が持ち込まれたのだとも言えよう。そして、彼の直感は正しかった。ネフスピールは、アートでありつつ、まさしく優れたおもちゃだったのである。子ども達が夢中で遊ぶ事で、それを証明してくれた。こうしてネフ社は誕生したのである。

さて、それから半世紀、木製玩具業界はどうなっているだろう?……悲しいかな、今だに盗用やコピーがまかり通る業界だったりするのである。「著作権」や「知的所有権」、あるいは「ソフト」という言葉が一般化した現代において尚、である。こう書くと、またぞろ抗議の矢が飛んできそうだが、私は実際そう思っている。以前、ネフ氏が「ネフ社の前年の新作は、翌年、見本市に必ず、そのコピー製品が並ぶ」と言っていた。それほどコピーや亜流は日常茶飯事なのだ。特許権や著作権も、取らないのが普通である。取っても、どうせコピーされちゃう訳で、権利が効力を持たないのだ。情けない話ではある。しかし、ネフ氏はまた、「コピーされてこそ本物なんだから」と、笑ってもいた。そこには、本物のみを創り出してきた者の、力強い信念と自信があった。

ドイツ・ニュルンベルクの、国際玩具見本市《メッセ》に、一度でも足を運ぶとわかるが、真にオリジナリティーを大切にしている会社は、意外に少ない。例えばパッケージに、その製品の作者名を表示しているメーカーがどれだけあるだろう？　ネフ社の他には、ドライマジール社くらい、ほんとうに数えるほどしかないのである。私には、これが信じがたい。でも事実なのだ。作者名のない書籍があるだろうか？　監督名のテロップの出ない映画があるだろうか？……と、こう考えると、木製玩具業界が、いかにオリジナリティーに対して意識が低いかが、おわかりいただけると思う。そして、大変残念でならないのは、コピーやアイディア盗用は、欧米に比べ、アジアに多い……という事。（アジア人を差別してこう言うのではない）これも見本市《メッセ》に行くとわかる。

日本の会社も例外ではない。私の知る範囲だけでも、実に多くの日本の会社が、主にヨーロッパの木製玩具のコピー製品を作り、販売している。一例を挙げるだけでも「トレイン＆カースロープ」（ベック社）、「カラームカデ」（ユシラ社）、「組み立てクーゲルバーン」（ハバ社）、「動かないで」（イルカ社）等々、枚挙にいとまがない。悲しく残念な現実である。

もちろんアイディアの中には、一定の年数が経過して、共有財産になっているものがある事は、私も承知している。チェスやトランプなどは、いろんなメーカーが（ネフ社でも）作っている。当然ながら、これは盗用とは言わない。しかし、アイディアを考え出した人が生きている、またはそのオリジナル製品がまだ世に出廻っている場合、その亜流は、コピーでなくても盗用であると、私は思う。私はそれを恥と考えている。

オッといけない……。またこだわりが爆走しそうだ。こんな風な文章を書いている事自体が、「コピーされてこそ本物」と言ったネフ氏に、笑われてしまう事なのだろう。ここで私が言いたかったのは、どんなにコピーや亜流が世に氾濫しても、最初に苦労して生み出されたオリジナル製品には、絶対にかなわないという事なのである。この事は、なかなかに説明しがたい事ではある。でも、あえて言おう。本物は、何かしら、どこかしらが輝いているものである。一方、コピー製品には、何らかのうしろめたさが、形や色に表れたりするのだ。ホントに……。画家の、完成された絵よりもエスキース（下絵）の方に、不思議なインパクトがある、なんて話を聞くが、そんな事にも通じるかもしれない。上手くいえなくて、はがゆいのだが……。

さて、最後にネフ・デザインのメルトイ製品（韓国製）について書こう。まず断っておく。メルトイ製品は、これまで長々と書いてきた、コピーや亜流とはちがう。契約に

NAEF社のお客様各位　　　　　　　　　2000年5月26日

NAEF SPIELE AG は、東京のアトリエ・ニキティキが日本における唯一のNAEF社製品の総輸入元であることをここにお伝え申し上げます。

アトリエ・ニキティキとの絆を今後ますます強いものにしていきながら、皆様からのご希望、日本市場からのご要望に今まで以上にお応えすべく努力して参る所存でございます。

弊社とモンテッソーリ・コリア社（現・MAERTOY社）との関係は、両者間の契約内容が守られなかった結果、契約破棄ということになりました。今後、モンテッソーリ・コリア社（現・MAERTOY社）は、一切のNAEF 製品に関する製造・販売の許可を持ちません。弊社といたしましては、NAEF社のオリジナル商品だけが顧客の皆様のお手元に届くようにするためのできる限りの努力を続けて参ります。

NAEF社の製品はスイスにおいて厳しい品質基準に則して生産されており、作業工程の多くはいまだに手作業で行われております。

これからも、アトリエ・ニキティキ、そしてNAEF社オリジナル製品へ、変わらぬ信頼をお寄せいただきますよう、心よりお願い申し上げます。

敬具

NAEF SPIELE AG

会長　ハンスヨルク・エグリ

基づいた製品である。しかし、これは今、「あった」と、過去形で表記しなければならないと思う。

ネフ社から送られた資料によれば、契約期間中、メルトイ社は、ネフ社に対し、ロイヤルティーを一銭も払わなかった。また、契約リストにない「キュービックス」や、私の「アレーナ」など数点の製品の製造といった契約違反もしている。この為、ネフ社はメルトイ社に、契約に定められた所定の手続きに従って、契約破棄を通知した。二〇〇〇年三月三一日付である。しかし、メルトイ社は、この通知を有効でないと主張し、ネフ・デザインの積み木を製造し続けている。そして日本でも輸入され、今も売られ続けている。悲しい事である。

くわしくは、ネフ社から関係各位に、正式に発表された文章の全訳を、お読みいただければ幸いである。

二〇〇二年一月一日

相沢康夫

遊びを遊ぶ…の巻
先日、江東区の公立保育園の保母さんの集まりで「遊びの勉強会」ってのに呼ばれて話をしてきたんですが…
では遊びとは何か？…と言いますと…
考えてみると、この「遊びの勉強会」ってちょっと面白い名前だよね
なにしろ遊びを勉強しようってんですから
遊び人
そう言えば「遊びの学校」ってのもどこかにあったな…。
ま、これらは子育て中の親や保育者たちが、子どもの遊びの大切さに気付き、遊びについてもっと学び、勉強しなくちゃ…という事でつけられたタイトルでしょうから、私としても賛同したい良い傾向だとは思います。
ホント！
でも、なんとなくニンマリしちゃうんですね
むふ…
私は
本気で深くつっ込んで遊びの事をわかろうとしたら本気で遊んでみるのが一番早いんじゃないかな…
—と思います。
ママたちの常套句で…
遊んでばかりいないで少しは勉強しなさい！
…てェのがあるでしょ？これを私は
勉強ばかりしてないで遊びなさいな
…なんて言い替えたくなっちゃうのよ。ヒネクレ者でしてね…
江東区のみなさん、ケチつけてんじゃないですから
イヤホント
しかしまあ、遊びって生き方の根本にかかわる事じゃないかしらね…。遊びのウマイ奴って人生の達人にちがいない…なんて、私、思ってるほどです。
たとえば このネフ・スピール、これだけの形の積木ですが、積木以外にも ほんと、いろんな遊びを考える人がいらっしゃいまして、発見（考案）した方達の〝遊びごころ〟に思わず感心してしまう訳です。
まずは 静岡のいさみ保育園で発見された遊びです。ちょいと紹介してみましょう。ネフ・スピール16個全部をこんな風に積み上げます。そして…

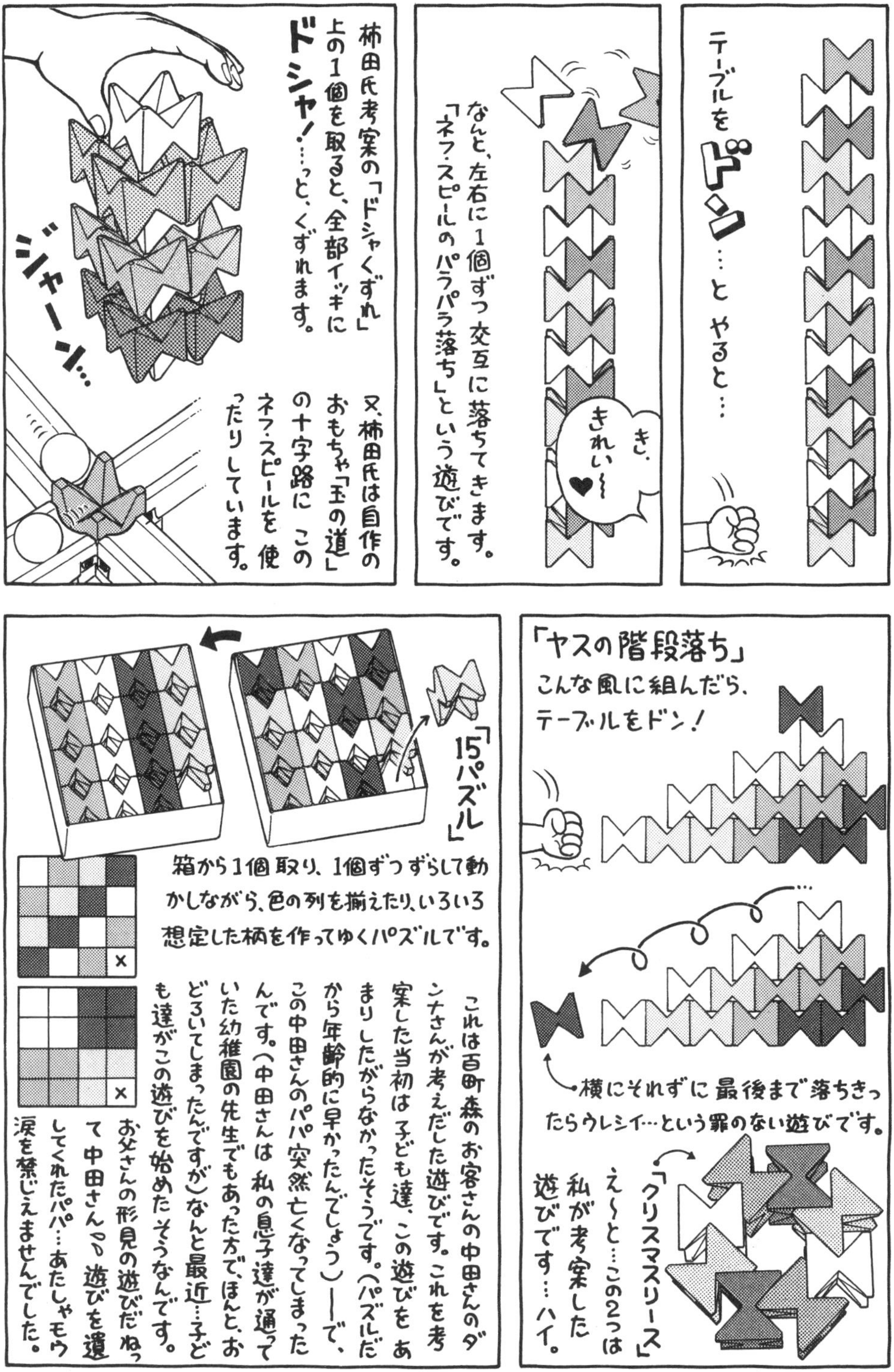

テーブルをドン…とやると…

なんと、左右に1個ずつ交互に落ちてきます。「ネフ・スピールのパラパラ落ち」という遊びです。

き、きれい～♥

柿田氏考案の「ドシャくずれ」上の1個を取ると、全部イッキにドシャ！…っと、くずれます。

ジャーン…

又、柿田氏は自作のおもちゃ「玉の道」の十字路にこのネフ・スピールを使ったりしています。

「ヤスの階段落ち」

こんな風に組んだら、テーブルをドン！

横にそれずに最後まで落ちきったらウレシイ…という罪のない遊びです。

「クリスマスリース」

え～と…この2つは私が考案した遊びです…ハイ。

「15パズル」

箱から1個取り、1個ずつずらして動かしながら、色の列を揃えたり、いろいろ想定した柄を作ってゆくパズルです。

×

×

これは百町森のお客さんの中田さんのダンナさんが考えだした遊びです。これを考案した当初は子ども達、この遊びをあまりしたがらなかったそうです。（パズルだから年齢的に早かったんでしょう）――で、この中田さんのパパ突然亡くなってしまったんです。（中田さんは私の息子達が通っていた幼稚園の先生でもあった方で、ほんと、おどろいてしまったんですが）なんと最近…子ども達がこの遊びを始めたそうなんです。お父さんの形見の遊びだねって中田さん 遊びを遺してくれたパパ…あたしゃモウ涙を禁じえませんでした。

えー… このところ私、おもちゃ作りに忙しく、連載を落としたりしてましてゴメンナサイ。で、今回はツマの代筆「友里の普通の日々…の巻」です。エ？ツマって？ええツマリツマるところツマ…なんですが…ツマらんシャレですんません
近頃 わが家の娘・友里(6才)が凝っているものは…
なんと リリアン！
なつかしい…
今でも売ってたの？
リリアンとは、昔 女の子だった人なら大ていは見たことがあると思うシロモノ
緑帽子のリリアン (580円)
ボビンの上部にリリアン糸をひっかけて、針で編んでいくと ボビンの下からメリヤス編み状の輪編みのひもができてくるのです。
お母さん！こんなに編めたよ
この機会に私も生まれて初めてリリアンを編んでみましたがこれがなかなか、きれいなひもが出てくるので、続けてどんどん編みたくなってしまいます。
去年、保育園で編んだ毛糸のマフラーも、ちょうどリリアンと同じしくみだったみたい
割りばし
空き缶(空洞)
ガムテープでとめる
ちょっと細めのマフラー
家に遊びに来るお友達もけっこう好きらしくて、よく交代で編んでいます。
つぎわたし〜！
キレイでしょ ここからここまでは○○ちゃんが編んだんだよ
途中で糸の色を変えて楽しんだりする

上の子たちは二人とも男の子だったので、こういう遊びには縁がなく、私にとっても新鮮な喜び（？）でした。
ホラ！くまちゃんのマフラーにぴったり〜♫
ところで去年のクリスマスに友里がサンタさんにもらったものは…
「わたしのワンピース」のうさぎさん人形でした。
うさぎの白い服がマジックテープ式でフェルトのお花や小鳥がつけかえられる、まさにお話の通りに遊べるもの。それどころか別のパーツを作って、マジックテープをつければもっと違った「ワンピース」ができるわけで、あのお話の続きを作りながら遊ぶこともできるわけ。
わたしのワンピース
えとぶん＝にしまきかやこ
こぐま社
にしまきかやこ作・絵
こぐま社
お空を通る時にくもがたくさんあったのでくものもようのワンピース
ペタ
付属のパーツももりだくさん
付属の夕やけぐも以外に白いくもも作って
「わたしのワンピース」は大好きな絵本ですが、こんなお人形があったなんて感激！作った人に感謝！（親の私の方が狂喜乱舞）
ところがこのお人形、百町森で売っているわけではないらしい。愛知県知立《ちりゅう》市の主婦の方による手作りとか。「わたしのワンピース」ファンの人なら誰しもとびつきたくなる品ですが、売り物ではありません。あしからず御了承下さい。
ともあれ、これまでもっぱら積み木やパズル遊びの多かった我が家でしたが、今日も友里はせっせとリリアンを編んでいるのでした。
私の作品とひと味ちがう、母の目から見た娘の日常…いかがでした？

アボンリーまで何マイル？の巻

相沢たみえ

保健所にて —1歳6ヶ月児健診—

では、何かことばを話しますか？

10コくらい言えるかな？

この時80~100コは言えていた友里、二語文というのも言っていました。

まあ！早いですねぇ
〝三人目〟で〝女の子〟のためか、友里は言葉を覚えるのは確かに早く、「これはすごいおしゃべりになるかもしれない」と思っていました。

絵本も何度でもくり返し読まされたものです。

そのうち友里はいろんな絵本の文をそらで言えるようになり、それからは—

うめぼしさんのうた
一人で部屋で遊んでいる時もお話を作ってずっとしゃべっていました。

(おしゃべりな子の典型でしょうか？)

カセットレコーダー
…しました…するとそこへキツネがあらわれて…

…と、いいましたそれから…

キツネさん、こんばんは…

↑お人形たちに聞かせている
スゴーイ！友里ったら30分もひとりごと言ってたんだよ！お母さん
ホラ！

しっ！ホントは30分以上だョ…

…するとそこへキツネがあらわれて…と…

カチッ
—なんてことも、たびたび。

ニページ前のリリアンのマンガを描いたのは 三年前。

ちょうど夫が忙しい時期で、毎月の連載が描けず、私も「これが最初で最後・」と初めて挑戦してみたものです。

が、「絵本とおもちゃの日々」終了とのことで今回、私にもページをいただいたので、このおしゃべりな娘についてもう少し描くことになりました。

あっ わたしの！
よっ！
はっ！
naf
「緑帽子のリリアン」を 編んでみたら おもしろかったらしい

七歳を過ぎてからの友里は、しゃべることより、お話やマンガを作って 紙に書くことの方が多くなってきました。
これがけっこう おもしろくて 内輪では ウケています。（あくまでも 内輪、の話）

4コマ
会ぎ
またもか 会ぎ？
ねこの会ぎは じつに たいくつである！

でも これを長～いお話にしてお風呂で語ってくれたりすると、こちらはのぼせてしまうのでした。
（ナゼか友里は のぼせない）

ひまがあれば紙とエンピツを持って何か言っていたりする娘を見るにつけ、父は あらぬ夢を抱き始めたようです。

う～ん 今度は 何を 書こうかな…
ふむふむ 末はエッセイストか 漫画家か…？
やはりオレの子
naf

ところで

数年前 NHK総合テレビで放映されていた「アボンリーへの道」というドラマを ご記憶の方もいらっしゃることでしょう。（小説の方も出ています。）

アボンリーへの道
Road to Avonlea
プリンス・エドワード島へ
1
2
3
4
5

アボンリーへの道
原作：モンゴメリ
文：マクヒュー他
金の星社

モントリオールから母方のおば達と暮らすために アボンリーの村にやってきた少女セーラが 前半の主人公です。（いかにもモンゴメリの好みそうな設定ですね。）

アボンリーの景色の美しさも さることながら――

村の人々の中にモンゴメリ作品では周知の隣人たちが混じって登場するのも嬉しかったです。

撮影に何年もかけたらしく、当初は小さかった子供たちが大きくなり、立派になっていく様子もわかります。

ミュリエル・ステイシー
レイチェル・リンド
マリラ・カスバート

第二話では、セーラが村の人の前で物語を聞かせる場面があります。お話を作ったり、人に聞かせたりするのが好きなセーラは この時から「ストーリー・ガール」という呼び名をもらうのです。

さて、我が家の「ストーリー・ガール」(?・)友里は 日々兄たちに鍛えられながら育っています。以前ほどは おしゃベりでなくなったようですが…サテ
あのね それでねぇ…
友里 うるさい!
しずかに しろ
おしゃべり
くるっ
ところで、友里は 家の中でばかり 遊んでいるわけでは ありません。近頃のお気に入りは 一輪車と、ローラー・スケート。
ねぇ、友里ちゃん 大きくなったら 何になりたい?
んーとね
ピアノの 先生!
えっ?
ヘナヘナ
あっ まって! おいていかないで〜
キコキコキコ…
キャッホ〜
――というのは私の想像ですが、父のふくらみかけた期待が泡のようにはかなく消えてゆくのも そう遠くないことでしょう。
以上4ページ たみえさんの 描きおろしでした

さて、お立ちあい！
ベベンベン！
いよいよ百町森オーナー柿田友広氏の本がでたぞ〜〜〜！
プーおじさんの
子育て入門
柿田友広作 相沢康夫絵
（エイデル研究所 1,500円＋税）
方法論……の巻
『プーおじさんの子育て入門』
う〜ん…柿田さんらしい直接的なタイトルだなァ
（ハウツー本ね…）なんて思われそうなタイトルですが
そ〜なんですよ 実はこれ ハウツー本なのね
私、その昔ハウツー本を馬鹿にしていた時代もあったんですが、ハウツーって面白いんだよね。キミ子方式にしろ、清水真砂子さんの「カニグスバーグ実用書論」にしろハウツーだもんね。で、現代《いま》、子育てに関してハウツー本の必要な時代なんじゃないかって…思うんですョ。
たとえばこの本、私がお世話になっているプチタンファン誌の読者欄『プチプラザ』をまとめた本ですが、
「読んでくれて、ありがとう」
プチタンファン編集部編
（婦人生活社 1311円＋税）
たしかに編集部がおっしゃる通りママたちの悲痛な叫びかもしれません…
近所づきあい
義父母との問題
不倫
Sex
障害
死
…中でも気になるのは〝子どもを愛せないママたちの声〟ですね。幼児虐待のケースなんかもあったりして、けっこうツライ読み物ですがこれ読んでて、ふとママたちが悩んでいるのは……
方法論を持たないせい…でもあるよな
——なんて思っちゃうんですね、私。拙著『好きッ！』でも書きましたが、絵本とおもちゃは親子がかかわる為の道具で、いい道具はそのかかわりを助けてくれると、私は考えています。
そしてわらべうたは〝先人の智恵〟と位置づけております
だから、方法論と智恵、そして良い道具を持つことで子育てもずっと楽になるんじゃないかな…。一冊の絵本、一個のおもちゃに、知らずに助けられてるって事、あると思うんだよ、親も子もね。……イヤそんな単純な問題じゃないかもしんないけどさ。

てなゴタクはともかくとしてだ!
どう?、そこのお母さん このハウツー本面白いよ
プーおじさんの子育て入門
角《かど》は一流デパート赤木屋・黒木屋で買ったら3000は下らないシロモンだァ
今日はそれだけ下さいとは言わない!
わずかに1,500円、イヤプラス税だ
これで買い手がなかったら今日は乞食の行列だァ!
持ってけ泥棒〜
ン?
ボクの本を寅さんみたいに売らないでほしいなァ
作者
さてこの本、イラストレーションとブックデザインは全て、ワタクシ相沢がやらさしてもらいました
ウォッホン!
表紙はブリッグズ方式を採用。男がオシャレをして赤ちゃんを抱いている絵ってのが新鮮に感じていただけれ(ん)ばウレシイですね。どこがオシャレかっていうと柿田氏の着ているものがネ…アイルランドのアランセーターなんですね、テヘヘ…。…ン? ブリッグズ方式って何かって?
The Snowman ゆきだるま
さむがりやのサンタ
ジェントルマン ジム
主人公の腰から上を真正面からとらえて表紙にする…てェのをレイモンド・ブリッグズ方式と私が勝手に呼んでる訳ね。
え? 柿田氏の本の表紙は真正面じゃないって? ハイ
だって真正面だと…ホラ柿田氏の特徴であるトコロの…その…バナナ顔がね…うまく描けないんですョ
ここだけの話……
なに〜〜ッ
ピュー

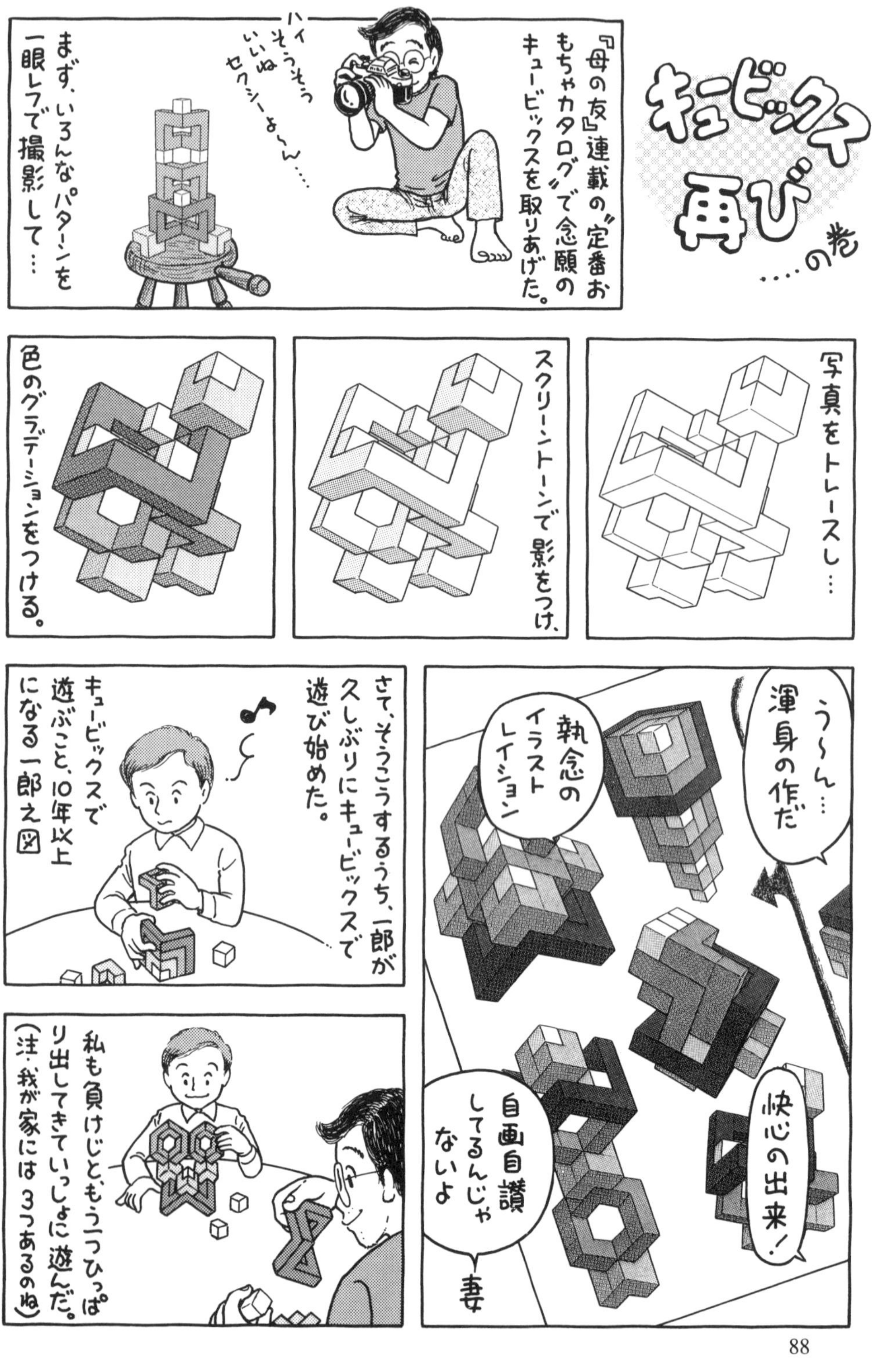

キュービックス再び
……の巻
『母の友』連載の"定番おもちゃカタログ"で念願のキュービックスを取りあげた。
ハイそうそういいねセクシーよ～ん……
まず、いろんなパターンを一眼レフで撮影して…
写真をトレースし…
スクリーントーンで影をつけ、
色のグラデーションをつける。
うーん…渾身の作だ
執念のイラストレイション
快心の出来!
自画自讃してるんじゃないよ
妻
さて、そうこうするうち、一郎が久しぶりにキュービックスで遊び始めた。
キュービックスで遊ぶこと、10年以上になる一郎之図
私も負けじともう一つひっぱり出してきていっしょに遊んだ。
(注・我が家には3つあるのね)

〜で、私はふと向題《クイズ》を思いついてしまった！

Oh!

それは……

キュービックスを最も高く積み上げるにはどう積んだらいいか？

——と、いうもの。

なんだそんなの簡単…

ン？

まてよ……アレレ…アレ？

最初、なにやら積んではくずしていた一郎は……
2.5×4 + 5×3 + 7.5×2 + …
？

やがて電卓を持ち出してきた。

え〜と ここが5㎝ってことは こっちは5√3だから 5×1.732……と。

う〜ん…

積めないパーツはどうしよう？

そりゃ残念だけど あきらめるしかあるまい…

さて、答は…二転三転して、今のところ、決定的と思われる、ひとつの組み方が出たんですが、ちょいと面白いので、読者の皆さんにもこの向題《クイズ》に挑戦してほしいと思い、
募集しちゃうことにしました。答は、組み方のイラストか写真で…

ムフフ…

送り先 〒420-0839 静岡市鷹匠2-25-19 百町森キューQ係
●正解者全員に、ネフ新カタログ(オールカラー60P)を、抽選で一名にネフ社新製品『ルナ』(5,900円)をプレゼントしちゃうぜ!! メ切り '98年7月20日
発表 げんき49号、コプタ通信9月号 保育セッション※in井川、積み木名人の分科会(木楽や・斉藤)会場にて…!

問題　キュービックスを最も高く積み上げるには、どう積んだらいいか？

キュービックスQ《クイズ》解答編・・・・の巻

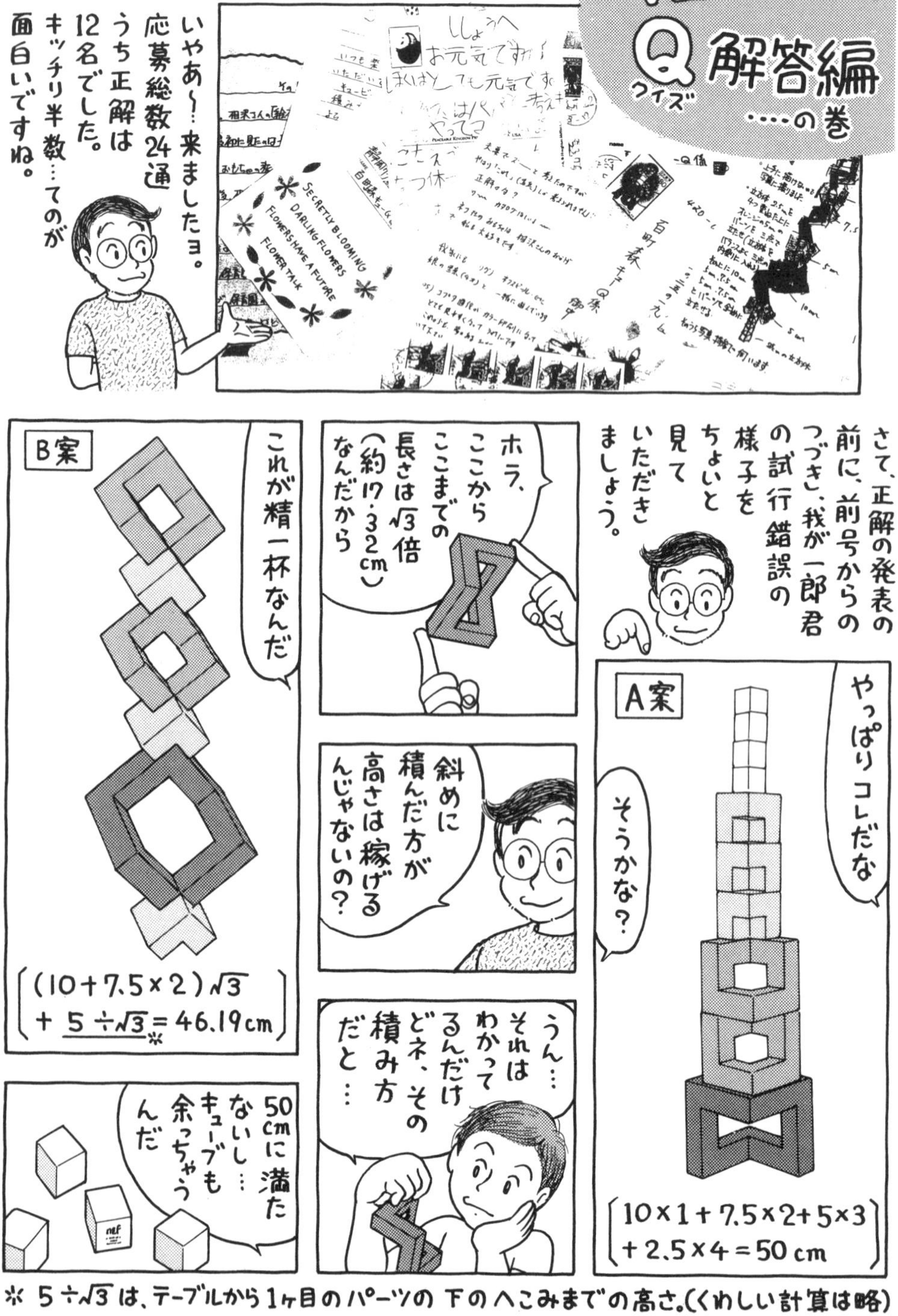
いやあ～…来ましたョ。
応募総数24通
うち正解は
12名でした。
キッチリ半数…てのが
面白いですね。
SECRETLY BLOOMING
DARLING FLOWERS
FLOWERS HAVE A FUTURE
FLOWER TALK
さて、正解の発表の前に、前号からの『つづき』、我が一郎君の試行錯誤の様子をちょいと見ていただきましょう。
ホラ、ここからここまでの長さは√3倍（約17.32cm）なんだから
B案
これが精一杯なんだ
(10＋7.5×2)√3
＋5÷√3※＝46.19cm
A案
やっぱりコレだな
そうかな？
10×1＋7.5×2＋5×3
＋2.5×4＝50cm
斜めに積んだ方が高さは稼げるんじゃないの？
うん…それはわかってるんだけどネ、その積み方だと…
50cmに満たないし…キューブも余っちゃうんだ

※ 5÷√3は、テーブルから1ヶ目のパーツの下のへこみまでの高さ。（くわしい計算は略）

【C案】
キューブの上に乗っけちゃえ
(46.19 + 2.5 = 48.69)

やったァ 2.5cm 高くなったぞ でもまだ 50cmより低いぞ…

いっそ垂直積み(A案)と、斜め積み(B案)をまぜて考えてみたら？ これを D の考え方と呼ぶ事にします。

この4つが上に乗っかればねェ…？

そうだ!! 上じゃなくて下に置けばいいんだ!!

【E案】
$\left(\begin{array}{l}46.19(\text{B案})+10-\underline{0.6}\text{※} \\ = 55.59 \text{ cm}\end{array}\right)$

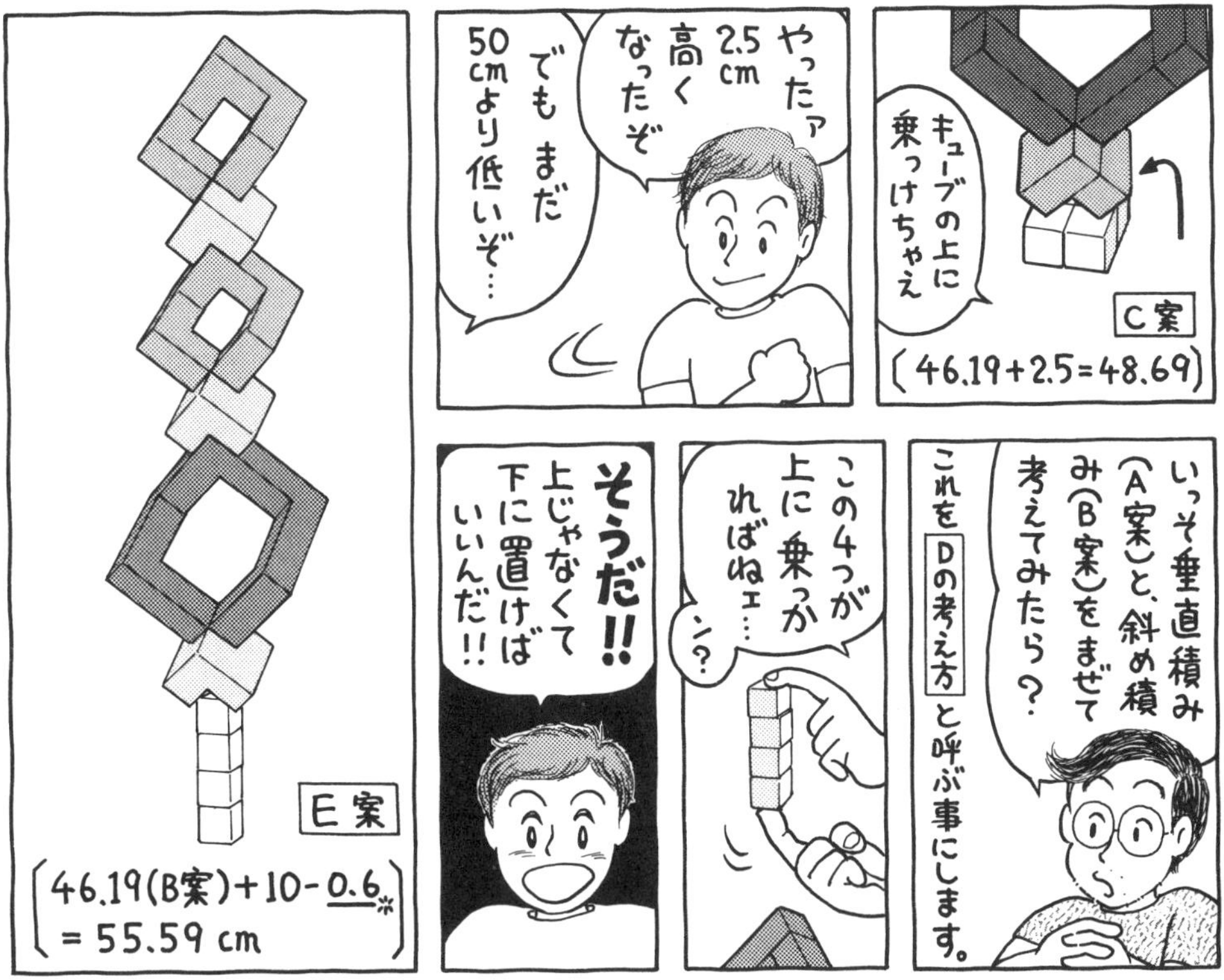

さあここまできて、いよいよもうこれ以上はできまい…という組み方にたどりつきました。まずは正解と考え、この E案 をここで正解者の発表をさせていただきます。パンパカパーン 皆さん、おめでとうございます。…し、しかしです。皆さん、この話にはまだまだ続きがあるのです。とくとごらん下さい。ジャ〜ン!!

お、おい 一郎…
えらいこっちゃ

一番上をひねって角の3点に乗せると…ホラ、ちょっと辺を高くなるぞ
ほんとだ!!

でもヒネル事ができる箇所って5ヶ所もあるよ
ヒー フー ミー…

正解者のお名前

恒川洋代さん(静岡)、水谷瑞代さん(静岡)、斉藤一紀さん(東京)、ひなた保育園佐々木修さん(青森)、日比美幸さん(愛知)、吾妻満さん(山形)、長門豊さん(群馬)、黒川昌樹さん(岡山)、黒坂栄司さん(北海道)、呼坂智恵さん(東京)、新川たくみさん(兵庫)、村木健太郎さん(東京)

※この6mmは矢印部分でキューブが凹みにめり込む為、実測して出しました。

…という訳で、これが真の正解なのだッ！

F案

この見事な正解をイラストで描いて応募してくれたのは、東京・木楽《きらく》やオーナー斉藤一紀さんでした。彼は積み木名人と呼ばれ、イラストも見てのとおりハンパでなく上手《うま》いし…私の立場を脅かす奴なのである。ちなみに彼にTELで「これ組んだ事ある？」と聞いたら「ちょっと無理でしょう」との事。

55.59（E案）＋
2.5÷√3※×5＝62.81cm
なんと60cmを越しちゃったぞ

※2.5÷√3、ヒネリを加えることで稼げる高さ（くわしい計算は略）

…まあしかし、これは限りなく不可能に近い組み方です。従って、私は[E案]を正解といたしました。[F案]を正解にすると、正解者は斉藤君只一人になっちゃうんだよね。

ゴメンネ斉藤君。

ちなみに最後のヒネリワザに気付いた方がもう一人いらっしゃいました。

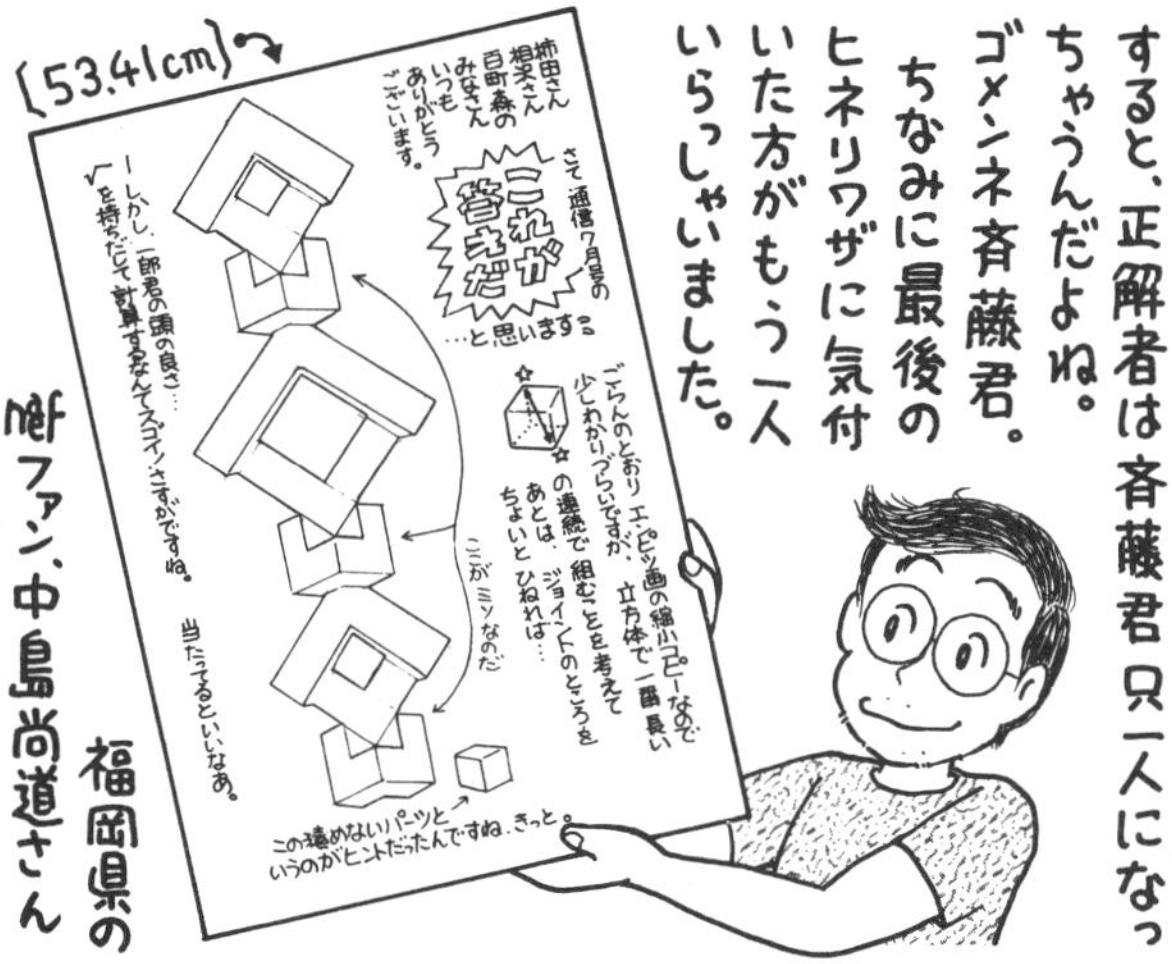

{53.41cm}
柿田さん 相吳さん 百町森のみなさん いつもありがとうございます。
さて 通信7月号の
これが答えだ
…と思います。
ごらんのとおり エ・ピッ画の縮小コピーなので少しわかりづらいですが、立方体で一番長い
☆–☆の連続で組むことを考えてあとは、ジョイントのところをちょいとひねれば…
ここがミソなのだ
ーしかし、一郎君の頭の良さ…
√を持ちだして計算するなんてスゴイ。さすがですね。
当たってるといいなあ。
この積めないパーツというのがヒントだったんですね、きっと。

福岡県のネフファン、中島尚道さんです。でも彼はキューブを下に置く事に気付かなかった。ウ〜ン、実に惜しい!

――◆――◆――◆――


さて、解答結果をご報告致します。まず、[A案][B案]共に多かったですね。特にA案の方は「これしかない!」とおっしゃる方もいて、A、B両方考えた上、A案に落ちついた…という感じかな?

[C案]は、竹ノ子節子さん(愛知)、大橋太美さん(静岡)、亀山恵子さん(千葉)の3名でした。安定感のある性格なのでしょうか?

では[Dの考え方]で果敢にE案に迫った解答を2つご紹介しましょう。

まず大阪の畑直樹さん

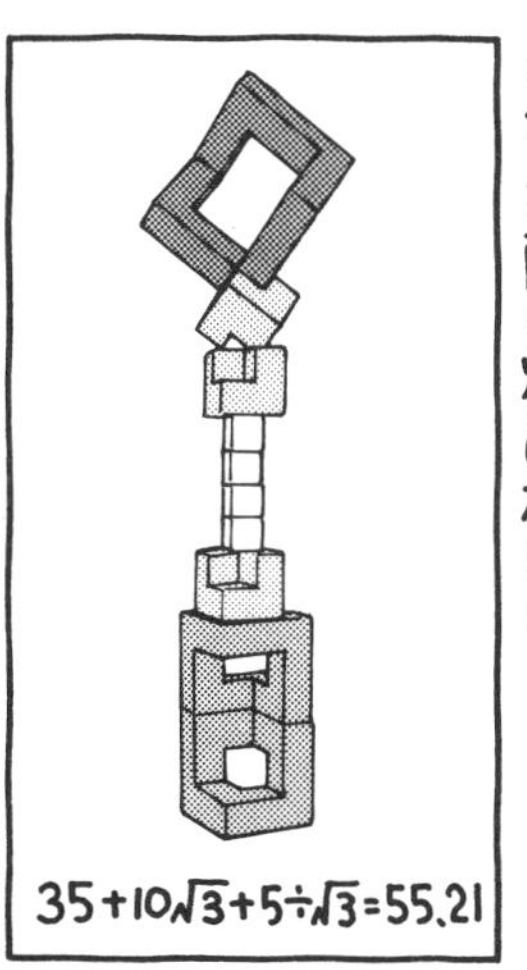

$35+10\sqrt{3}+5\div\sqrt{3}=55.21$

お、惜しい!正解まであと3.8mmでした。

次は東京の嘉者熊拓磨くん(小2)※

$22.5+17.5\sqrt{3}+\frac{5}{\sqrt{3}}=55.70$

ガ〜ン
アレレ?

今回、この原稿をここまで書いてきて、計算したら…拓磨くんの組み方の方がE案より1.1mm高いじゃないの。Oh!マイガッ。なんて事でしょう。逆点ホーマーだあ!!

彼は、私の一番若い弟子で、銀座の私の個展に5日も通ってくれたかわいい奴なんですが…。又、彼と全く同じ解答を出した方が、もうお一人。札幌の牧師、黒坂栄司さん(彼はE案も同時に出しています。)


――◆――◆――◆――


さて困った。抽選をどうしよう? E案を出した12名全員にネフ新カタログをお送りする事はヤブサカでない…と。

そこで私、考えました。特別賞として、『ルナ』を、斉藤君、たくま君、黒坂さんの3名に、抽選ナシで送らせていただくことにいたしました。え〜皆さん、異論はございませんね? ね? ね? ……。


――◆――◆――◆――


斉藤君の決定版[F案]の組み方ですが、限りなく不可能に近い…と書きましたが、実はコレ、私、組みました。彼の目の前で…。ムフフ、ま、それがこんなクイズを出題した者のスジの通し方、というか礼儀なのです。いやー ホント楽しかった。

皆さん、どうもありがとうございました。

※なんと最年少応募の拓磨くんに、ほとんどの大人達が敗れちゃったワケだ。えらいぞ拓磨君!

ネフ遊び

キュービックスとの出会いを経て、ネフ社の積み木の虜になり、最初その積み木たちで遊ぶことが、私にとって〈ネフ遊び〉のすべてだった。やがて好きが高じて積み木を作る側にもまわってしまった。この作る行為もまた、私には〈ネフ遊び〉なのである。

で、「キュービックス再び…の巻」で描いたように、今度はクイズを思いついてしまい、募集しちゃう…なんてこともやってみた訳なのだが、このクイズ（またはコンペ）を出題、募集するということも結局、私にとっては〈ネフ遊び〉なのである。

私のまわりで遊びの領域がどんどん広がってゆき、私は楽しくてしょうがない。特にこのキュービックス・クイズは、結果がまったく私の予想に反して、E案より高い積み方が存在しただけに、出題者としてとても満足のゆくものだった。しかも、グランプリが小学校三年生（当時）の我が弟子たくま君だったとは…。

さて、そんなわけで、このネフ積み木のクイズ、コンペは年一回のお祭りみたいな恒例行事になりつつある。ちなみに、二〇〇〇年は「アングーラ・パターン・コンペ」を行い、審査員もクルト・ネフ氏、ピエール・クラーセン氏、ハイコ・ヒリック氏と国際的になってきた。ともかく、私の〈ネフ遊び〉は、いよいよ拡がりを見せ、まだまだ終わりそうにないのである。

エ～皆様…昨年大好評だったキューQ（キュービックスクイズ）を覚えておいででしょうか？ 当時小学2年生だったたくま君のドンデン返しによる、感動の結果報告から一年…

私は味をしめました
ホッホ……

ジャ～ン！ 今年もやります！ 今年の課題は、ネフスピール。弊社の定番中の定番、今年で42年になる積み木です。使用するパーツは、たったの2つです。

まずネフスピールを図Aのように置きます

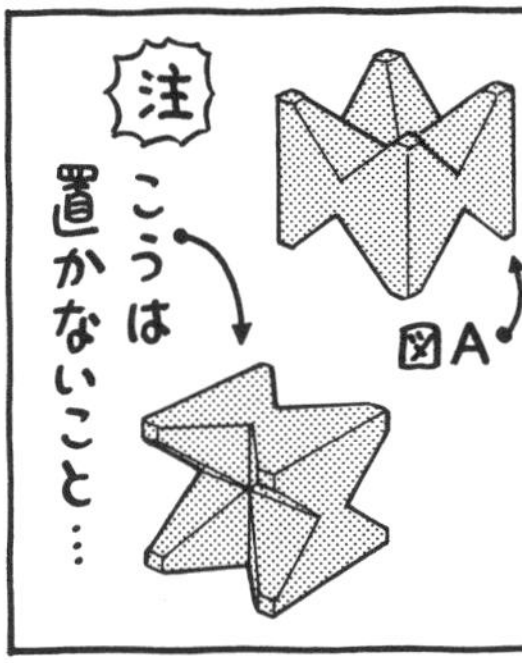

図A
注
こうは置かないこと…

…で、こいつに、もう一個のネフスピールを乗せます。

例えば こうとか…

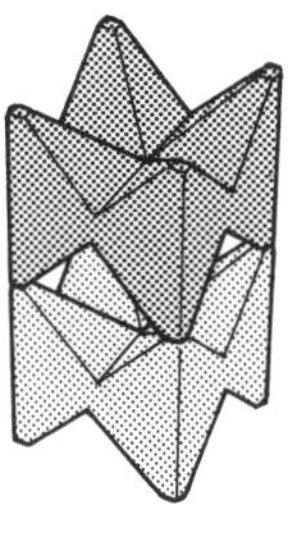

こう乗せますよね。ちなみにこの乗せ方、乳児が最初に乗せる時って、決まってこれね

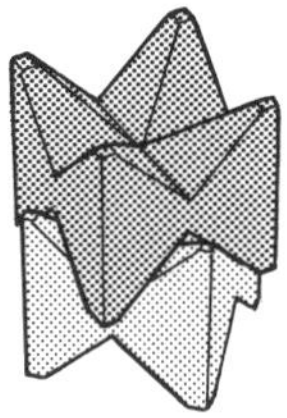

右の2例は、ひとまず答1、答2としましょう…。さて、ここからが問題です。

図Aのネフスピールの上に もう1個のネフスピールを乗せる、その乗せ方はいくつあるでしょう？

もちろん、乗せ方を一個でも多く考えた方が優勝です。

…でもここでちょっと微妙な問題が生じるんですね〃 と言うのは、（ここでフンパツしてもう一ヶ、答3を紹介してしまいますが…）

こういう乗せ方があります。

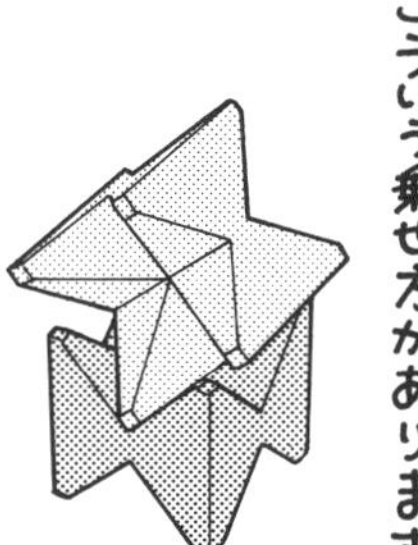

この時、例えば上のパーツを2cmほどずらしたとします

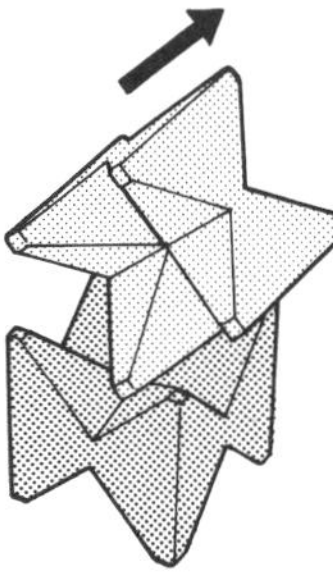

これは基本的には同じ乗せ方としますね
あしからず

…アトもうひとつ、摩擦係数の問題があります。つまり、新品だとすべりやすくて、乗るハズなのに乗らない…というケースがあるかもしれないのね…。その場合、イラストでも可…といたしましょう。ですから、答は写真でもイラストでも、わかればけっこうです。

じゃんじゃん送ってくれイ

送り先 〒420-0839 静岡市鷹匠2-25-19 百町森 ネフQ係 ●応募者全員にネフ新カタログ（私のヴィアも載ってます）＋《プラス》百町森オリジナルカタログ（両方で700円）を…優勝者には弊社廃番パズル『クニラ』（5,800円）をプレゼントしちゃうよ～ん！ **〆切** '99年7月20日 **発表** コマタ通信9月号…です。

答は写真の場合、一枚に何パターン写っていても、乗せ方がわかりさえすればいいからね。

選考は厳正を期する為、昨年見事なイラストを描いてくれた木楽や、さいとう一紀氏に手伝ってもらう事にしました。尚、この紙面で紹介した答1～答3は全員カウント致します。写真はいりません。

ネフQ結果発表……の巻

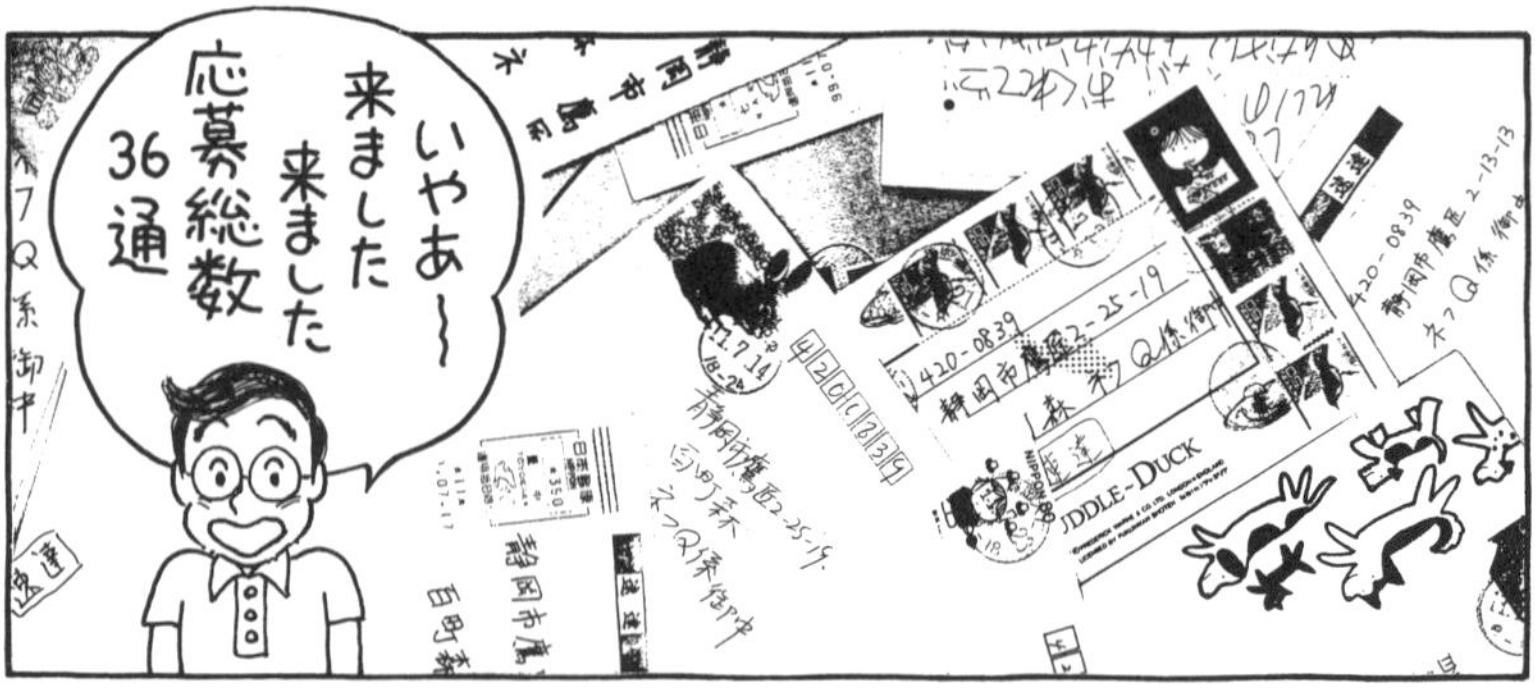
いやあ～
来ました
来ました
応募総数
36通

全てに目を通させてもらって思ったことは…

みんなよく遊んでるな…
今回のクイズもまずまず楽しんでもらえたようだな

…ということでした。とは言え、昨年のキューQ(キュービックス・クイズ)に比べ今回は皆さんずい分苦労されたことと思います。と言うのは、キューQの場合、高さを競う…ということで

コレだ!!
コレに決まり

…と、こんな具合に答がスパッと出たと思うんですが、

今回の場合、数を一つでも多くしぼり出さなきゃならない、最後の最後までねばりにねばらなきゃならない…ってとこがたいへんだったろうなと思うわけです。

そのため、今回は〆切日(又は過ぎてから)に、速達で届く…という応募が大半でした。

ごくろうさまでした!
ホントに…

さて…応募者の皆さんがたいへんだったのと同じく、審査も又困難を極めました。

やる前から想像してはいた事なんですが

例えば、向題でも書いたように…

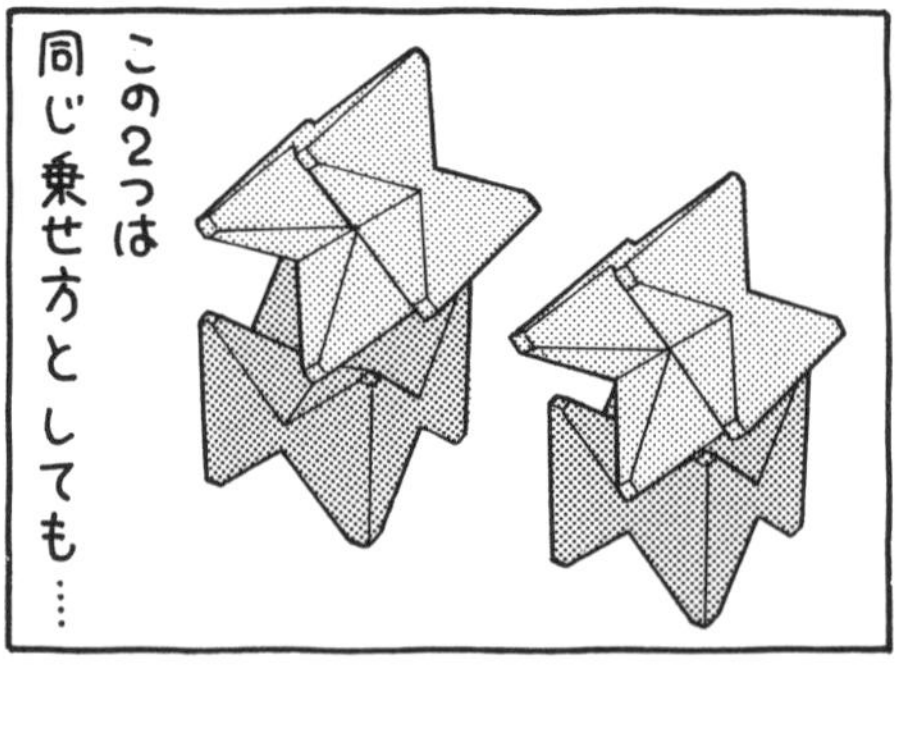
この2つは同じ乗せ方としても…

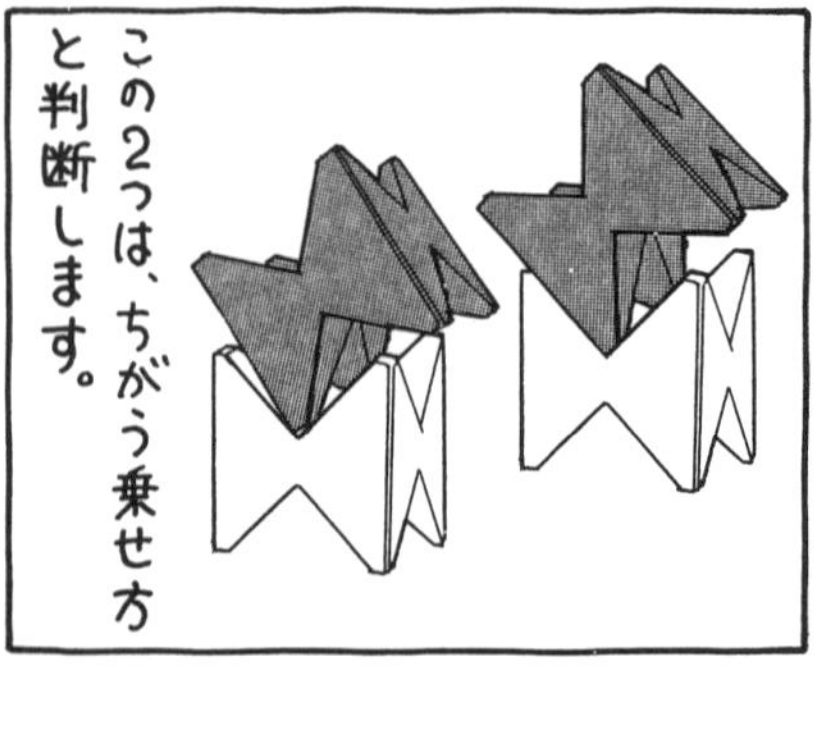
この2つは、ちがう乗せ方と判断します。

ちょっと見には同じように見えてもちがうんですね。では何を基準に判断するか？……と言うと、特に明確にしてないんですね、これが……。

どうして明確な定義をもうけなかったんですか？
Mr.さいとう

う〜ん…それやるとなんか数学の向題みたいになっちゃうんだよね

私はあくまで"遊び"としてこのクイズを出題したかった訳です。しかし、この点を明確にしなかったために、審査は難航を極め、応募者の皆様も判断に苦労するという結果を招いてしまいました。全く申し訳ない……。でも、やっぱり"遊び"にこだわりたい私。

さて、そんな訳で応募は写真、説明付イラストの他に、8mmビデオによる応募（北海道の黒坂栄司さん）や答を漫画にして送って下さった方（福岡の中島尚道さん）などもいらっしゃいまして楽しく拝見させていただきました。

デジカメのプリントアウトってのも多かったですね〜

……さて、しつこいようですが、明確な基準をもうけなかったために、又さらにややこしい向題が生じてしまいました。それは応募者それぞれの性格のモンダイなんですが……

自分に厳しいタイプ。

ともかく貪欲に数を打つタイプ。

……ま、大雑把に分けて、この2つのタイプのどちらかによって、結果がずいぶんとかわってきてしまう、という事です。

このタイプの人は……
いかんいかんこれはさっきの乗せ方に近いなボツにしよう……

このタイプの人は……
アレ？これ、さっき組んだかなァ？まいいか…とにかく写真写真

…とまぁこのようにこのタイプは数が少なめに…このタイプは多めになっちゃうのね

従って応募者自身が提出した答の数を、そのまま比べる事はできない訳です。応募者の全てのパターンを検討し、同じ乗せ方であろうと判断されたパターンの数を削ってゆく……という、なかなかつらい作業が審査員の私と斉藤君に待っていたのです。

いやだァ〜〜こんな審査〜〜！
とりみだす斉藤君え図

さて審査の経過報告と結果発表の前にちょっと一服…。先ほど紹介した漫画による応募をしてくれた中島尚道さんの作品を、せっかくですから皆さんにもごらんいただきたいと思います。

……では後ほど。

贋作・絵本とおもちゃの日々

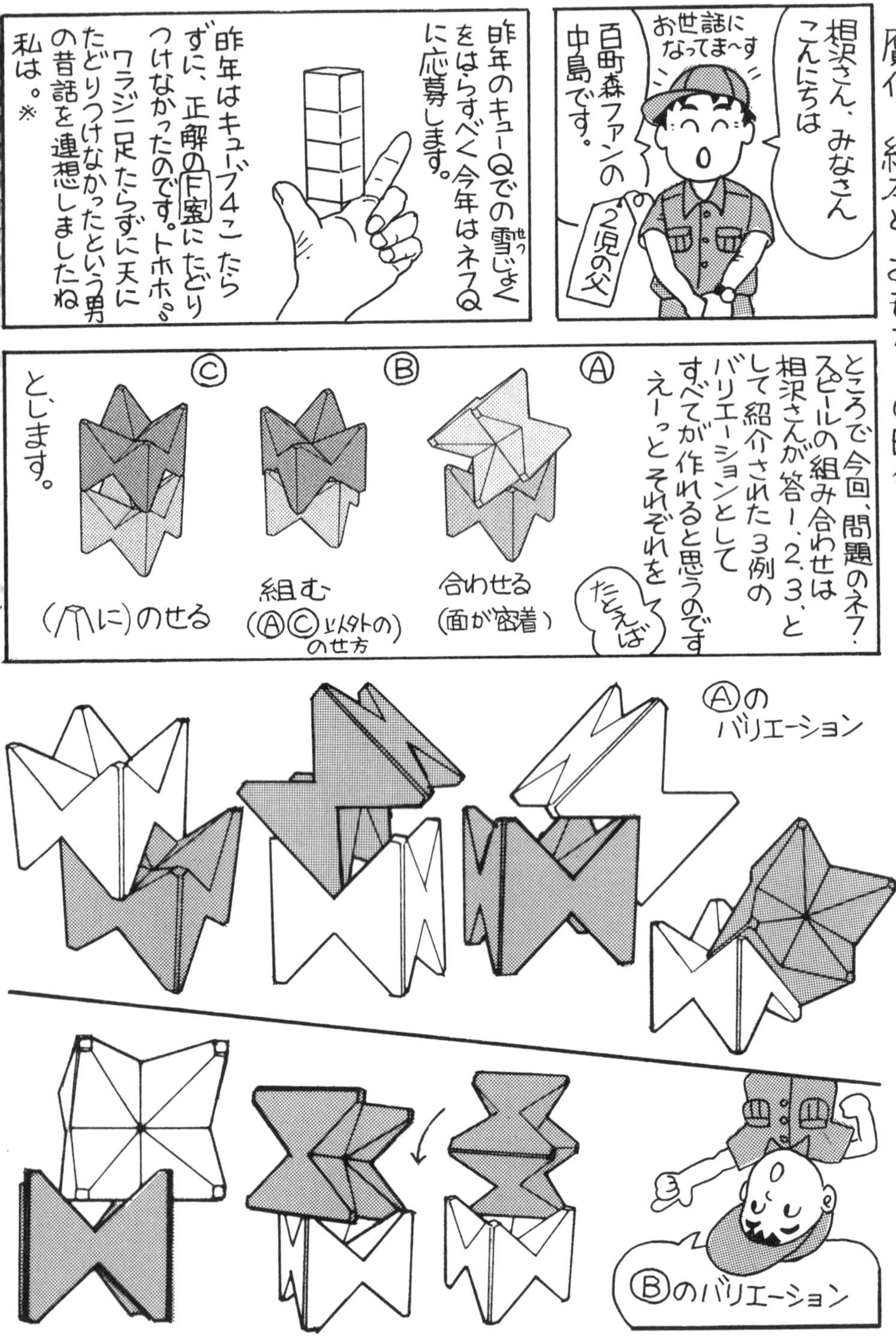

相沢さん、みなさん こんにちは
お世話になってま〜す
百町森ファンの中島です。
2児の父
昨年のキューQでの雪《せっ》じょくをはらすべく今年はネフQに応募します。
昨年はキューブ4こたらずに、正解の答案にたどりつけなかったのです。トホホ。
ワラジ一足たらずに天にたどりつけなかったという男の昔話を連想しましたね私は。※
ところで今回、問題のネフ・スピールの組み合わせは相沢さんが答1、2、3、として紹介された3例のバリエーションとしてすべてが作れると思うのです
えーっとそれぞれを
たとえば
Ⓐ
合わせる
（面が密着）
Ⓑ
組む
（ⒶⒸ以外の のせ方）
Ⓒ
（に）のせる
とします。
Ⓐのバリエーション
Ⓑのバリエーション

中島尚道

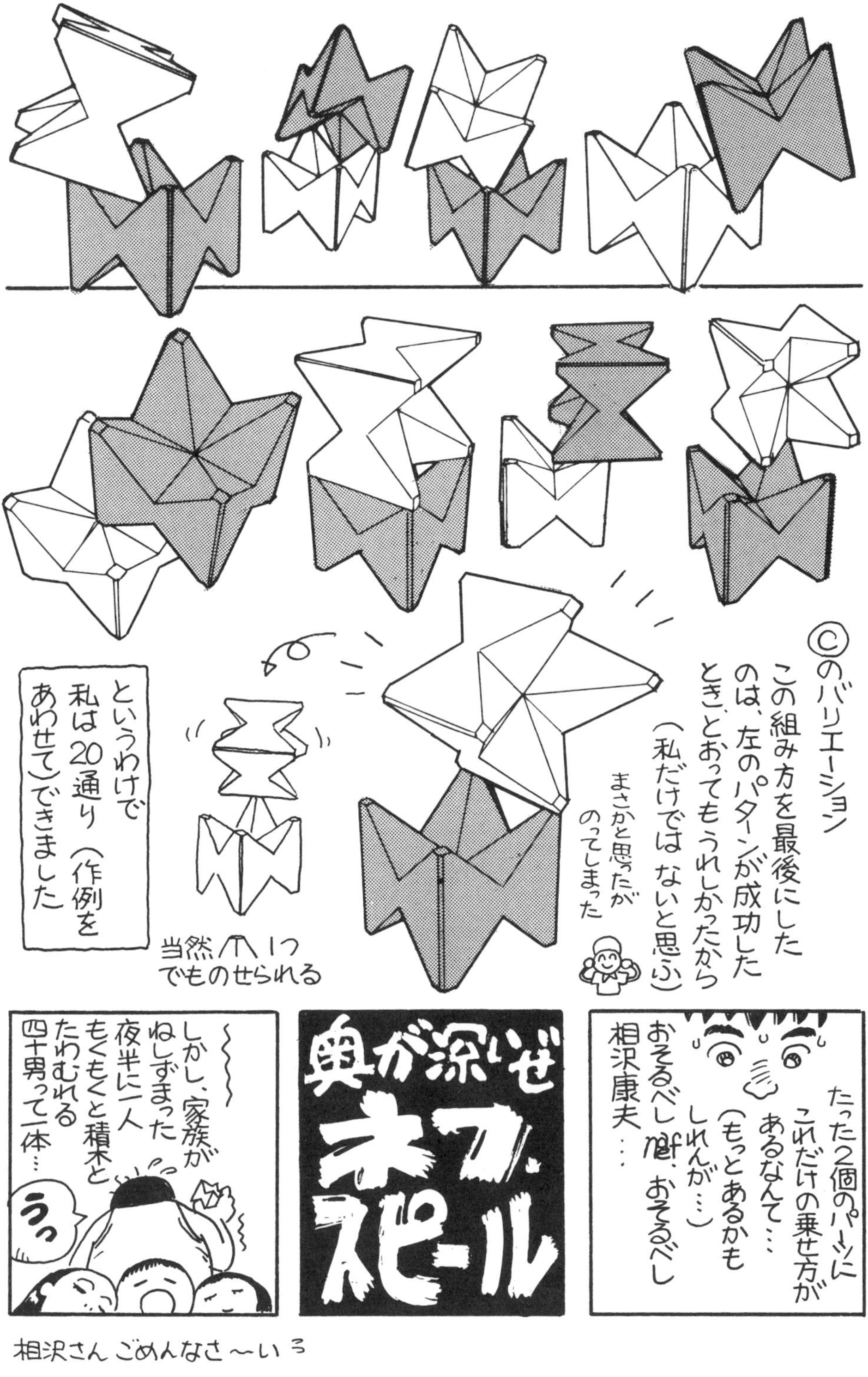

ⓒのバリエーション
この組み方を最後にしたのは、左のパターンが成功したとき、とおってもうれしかったから
(私だけでは ないと思ふ)
まさかと思ったが のってしまった
というわけで 私は20通り(作例を あわせて)できました
当然 1つでものせられる
〜〜〜 しかし、家族が ねしずまった 夜半に一人 もくもくと積木と たわむれる 四十男って一体…
うっ
奥が深いぜ
ネフ・スピール
たった2個のパーツに これだけの乗せ方が あるなんて…
(もっとあるかも しれんが…)
おそるべし Naef、おそるべし 相沢康夫…

相沢さん ごめんなさ〜い

いかがでした?昨年の斉藤君のイラストといい、今回の中島さんといい、皆さんホント 絵が上手《うま》くて…

中島さん
私になにかあった時は
代筆たのみます

さて中島さんも描いてますが…

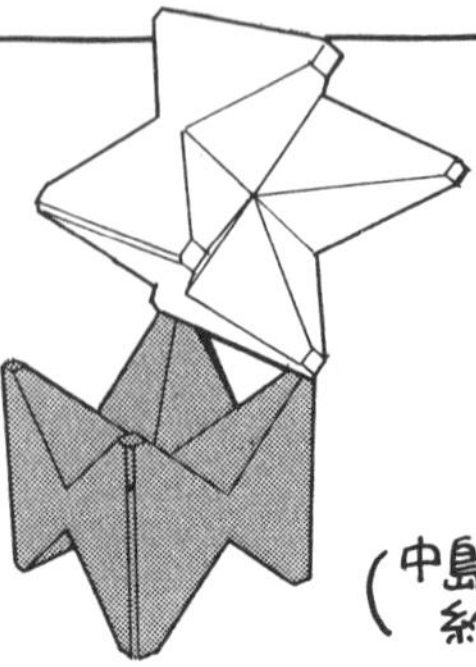

(中島さん絵)

これはスゴイ!…と私も思います。せっかくですから「ウルトラC」と名付けましょうね…。

彼の他にこのウルトラCを発見した人は、実は…小原賢三さん(北海道)、吾妻満さん、伊藤裕美さん(山形)、松下晋一さん(茨城)、渡辺恵美さん、矢崎美誉子さん(長野)、高瀬秀美さん(神奈川)、上西小百合さん(静岡)、西村公男さん(香川)〈北から順〉

…こんなにいらっしゃいました。皆さん、この発見はよほどうれしかったと見えて、中島さんと同様、写真とコメントに力《リキ》が入っていて、他のパターンとは別格扱いなんですね。

ヤッタ〜
…という喜びが伝わってきます

白状すると、私も斉藤君もこの乗せ方を思いついてなかったのね…イヤ〜ビックリ!!

ただこの乗せ方、使い込んで面取り部分がすりへってしまったネフ・スピールだと乗りにくいのね…。

つまり手持ちのネフ・スピールが古いと、ハンデになる訳…
私のネフ・スピールなんざ 不可能ですね。ボコボコ…

…でもまあ、逆に新品だと乗せにくいパターンもあって、たとえば この乗せ方…

(これも中島さん、絵)

新品のネフ・スピールだと、なかなか乗らない。すべっちゃう。でも、古いと摩擦係数が高くなって乗っかるんですね。

…てな訳で、手持ちのネフ・スピールが新しいか、使い込んであるかで、ハンデは それぞれにあるから、まァお互い様ってことで、あしからず御了承下さいね。

アバウトで申し訳ありませんが……

では審査の経過をお知らせしましょう。審査は、私と斉藤君二人ともが同じ乗せ方と判断したパターンの数を引き、さらに向題出題時に紹介した3パターンものぞいて20パターンを越える方達を、第一次審査通過者…と、しました。ではその方達のお名前を発表致しま〜す。ジャ〜〜ン…

第1次審査通過者

- ✿ 吾妻満さん（山形）
- 　 黒坂栄司さん（北海道）
- ✿ 佐々木修さん（青森）
- 　 高瀬秀美さん（神奈川）
- 　 西村公男さん（香川）
- ✿ 安永邦夫さん（茨城）

※アイウエオ順

そしてこの中で最終審査に残った方は✿花マル印の吾妻さん、佐々木さん、安永さんの3名の方達でした。

でね、先ほど「私と斉藤君二人ともが、同じ乗せ方と判断したパターンの数を引き…」なんて 簡単に書きましたがこの判断ってのが、ホント大変でした。💧💧💧たっぷり半日以上かかりました。

…と言うのも…
げっそり

一人、トンデモナイ方が いらっしゃったのです。

茨城県つくば市の安永邦夫さんです。（ちなみに彼は、今年6月20日付、朝日新聞の「きほんのき」コーナーで、私を訪ねて下さった安永知栄さんのダンナさんでもあります。）

トンデモナイ…と書いたのは、その数です。な、な、なんと82パターン！ 彼は2つのパーツそれぞれの、どの面（又は辺、又は点）が接しあっているか？という点と、接する部分が、点か、線（辺）か、面か？という点で、それが一ケ所でもちがえば、ちがう乗せ方であるという独自の定義のもとに、それを明確にする為に、コンピュータによる作図で応募されてきました。

彼の考え方に一点の破綻も無い…と私は思いました。数学的に解釈すれば、全く彼のおっしゃる通り…と、言わざるをえません。

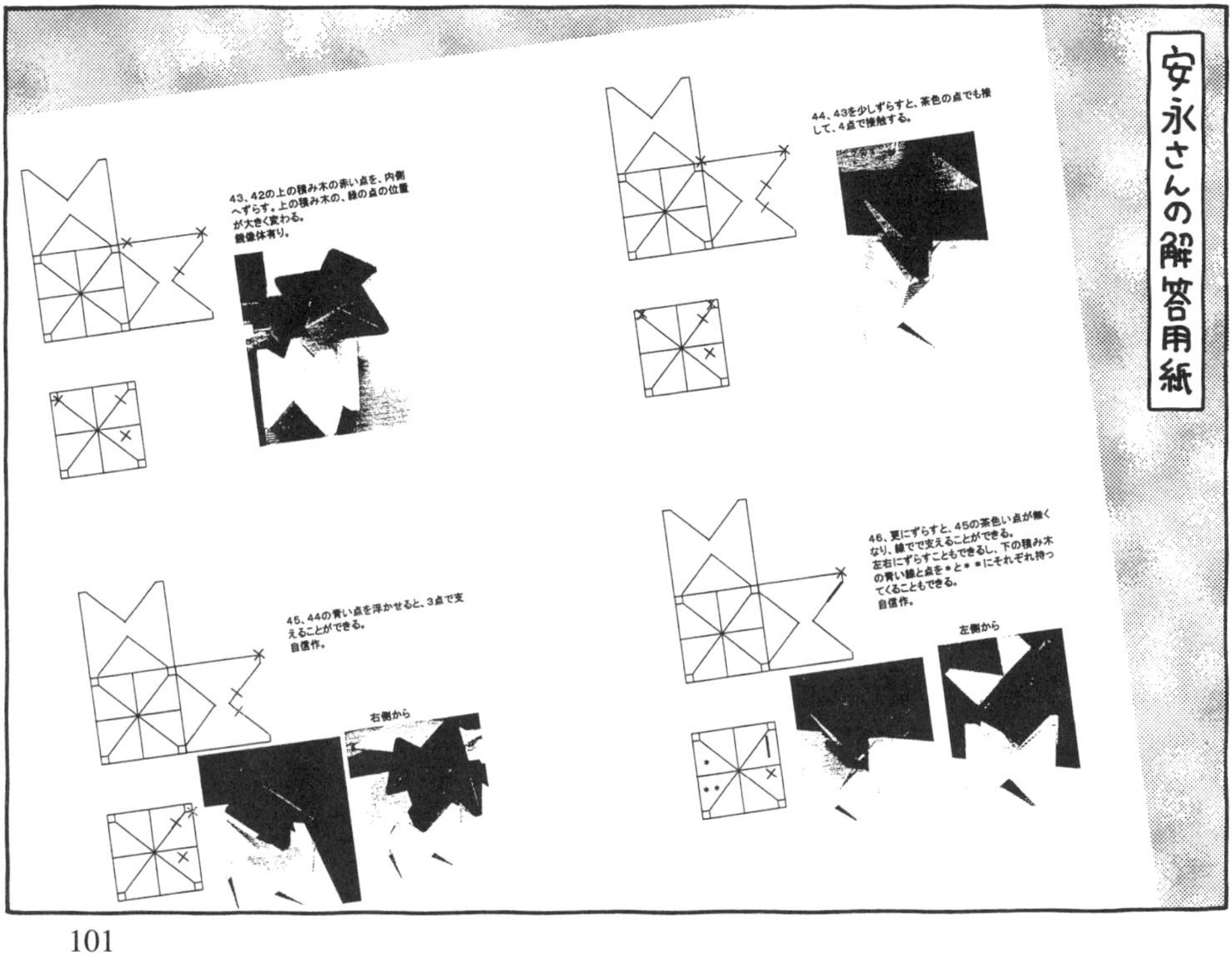
安永さんの解答用紙
43、42の上の積み木の赤い点を、内側へずらす。上の積み木の、緑の点の位置が大きく変わる。
鏡像体有り。
44、43を少しずらすと、茶色の点でも接して、4点で接触する。
45、44の青い点を浮かせると、3点で支えることができる。
自信作。
右側から
46、更にずらすと、45の茶色い点が無くなり、線でで支えることができる。
左右にずらすこともできるし、下の積み木の青い線と点を＊と＊＊にそれぞれ持ってくることもできる。
自信作。
左側から

しかしながら 彼が考えた82パターン全てを斉藤君と組みながら 我々はかなり煮詰まってしまいました。
う〜む

ぐむむ

斉藤君、新しい概念を導入しよう
それは苦肉の策「シロート目の概念」というものでした。

この乗せ方とこの乗せ方はどう思う?
ウ〜ン…やっぱり同じと考えるべきでしょう

…と、まァこんな具合に、思いきって削らせてもらう事にしました。——で、結果的に半分以上マイナスになってしまいました。安永さん、スミマセン

静岡茶

さて、安永さんの次に多かったのが青森のひなた保育園の佐々木修さん。昨年のキューQに続いての連続応募ですね。彼が考えたパターンの数は60パターン。何かこう、コツコツと、モクモクと、タンタンと組みました……って感じが伝わってきて好感を持ちました。

——で、佐々木さんのパターンも最終的には半分ちかく削らせてもらう事になりました。佐々木さん、ゴメンナサイ（あ〜審査ってツライ…）

お次は、山形の吾妻満さん。彼女も昨年からの連続応募でした。グランプリを目指すイキゴミがコメントからひしひしと伝わってきて、思わずほほえんでしまいました。「拓磨くんには悪いケド勝たせてもらいます!!」とのことですが……。ウ〜ンそうですか、小学生を相手にそこまで燃えましたか……。出題した私もうれしくなりますね。

ちなみに彼女は前述の「ウルトラC」も発見し、さらにくぼみにネフ・スピールの角で立たせるという超ウルトラCも発見しています。これを発見した方は他に、佐々木修さん、北海道の小原賢三さん2人だけです。

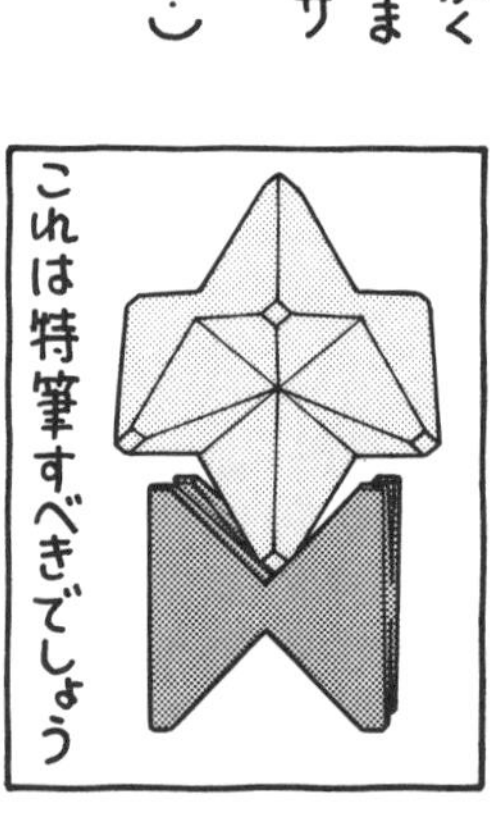
これは特筆すべきでしょう

ここでもう一度、安永さんに話を戻します。彼の考えたパターンを審査しながら斉藤君がこんな事を言ったのです。

安永さんコレ、面白がってやったのかな

うん、きっと彼はこういう数学が愉しい人なんだよ

実を言うと、彼のお手紙には正直にも「途中でいやになってきました」なんて書かれているんですね。それもよくわかります。でも、全体的には楽しんでいただであろうと私は思うのです。苦業のような楽しみもあるはずです。

最終審査

さて、この3人どうしよう?安永さん佐々木さんがトントンやや足らずで吾妻さん…って事になるんだけど

なんか吾妻さんにグランプリあげたいな
そうなんだよね、その気持ちは よくわかる

これはつまり、吾妻さんが「ウルトラC」「超ウルトラC」を2つとも発見したという、そのインパクトが大きい訳です。

……で、このちょっとすごい乗せ方のパターンにインパクト点を加算しようか?……という案も浮上したのですが

でも問題出題時は、あくまで数を競うって事でしたよね?

そうだよな…それやっちゃァフェアじゃないよな やっぱ

……という事で、ここにようやっと結論を見い出し、ネフ・スピールクイズの結果発表とあいなる訳です。では発表致しま〜〜す!!

パンパカパ〜〜ン!!

ネフQグランプリ
安永邦夫さん(茨城)
佐々木修さん(青森)

準グランプリ
吾妻満さん(山形)

三名様おめでとうございます。

さて、今回の結果からわかったことはネフスピールの、シロート目にもちがうとわかる乗せ方は約30パターンある…という事ですね。又、安永さんの定義に準じて、可能な限り絞り出せば、ひょっとして100を越えるパターンが存在するかもしれません。すごいですね。

出題した私もビックリ!……でした

では最後に、印象に残ったコメントのいくつかを紹介させてもらいます。ま、今回のクイズはレベルがやや高かった事もあってか大人の参加が多かったですね。御夫婦でがんばった方達♥(静岡の大沼美知代さん、埼玉の石川淑恵さん)もいらっしゃれば、親子又は家族全員で考えた方達(埼玉の小川杏奈さん、岐阜の老田りかさん他)も多かったですね〜。又、作るはしから子どもにこわされた方達(長野の渡辺恵美さん、東京の大槻実希さん、埼玉の片田美世子さん)もいらっしゃって、笑えました。そんな中で唯一、小学生単独参加の千葉の大川隆えくん、よくがんばったネ!又、昨年のグランプリ嘉者熊拓磨くん、〆切り日をまちがえていたんだそうで……残念〃

静岡の小川かおるさんと加藤まゆみさんからは「来年も企画して下さい」なんてうれしいお言葉。ありがとう。又やりますからね!

ひとつのスポンジボールがふたつになり、3つに…
しまいにはナント四角に!
スポンジボール 1,200円
絵の中の風船が、パチンという音と共にわれちゃう
ビッグフォー 1,500円
え〜?
カラの容器から5枚の100円玉が出てきたり、消えたり…
100
スーパーコイン 2,000円
最近、我が家の夕食後のひとときは……
マジックショータイムだよ〜ん…の巻
オ〜ット 今度は全部つながっちゃったぞォ
マジックリング 1,800円
オ〜〜ッ!
三人の真剣な表情がいい。
???
ハイ 2つずつになりましたァ
ど〜だ わかるまい…
ケケケ
だます方も、だまされる方も愉しい…これが手品の魅力!
もう一回やって!
注
プロはこの要望に答えてはならない!
でも私の場合…
ウ〜ン…
もう一回だけだよォ
まんざらでもない
実は自分もやりたい
ヘラヘラ…
絵本の、「もう一回読んで」の要望に答えるクセがついちゃってる

カチン
カチン
およ?くっついちゃった
あ～っ!
わかったァ
たいていの場合、一郎がタネを推理して当ててしまう。
バレちゃったかあ…
だはははは…
な～んだ
ぐやじい～
…と、こうなるのがオチ。
だから、あの要望に答えちゃダメなのよ～!
でも、その後は…
おばあちゃんにやってくる!
…と、今度は演じる側に回る、つまり、だます愉しみに転じる訳だから～
ま、いっかァ
―なのである。
一郎が好きな幻のトランプ。
全てまっ白のカードが突如、普通のトランプに変身!
1,200円
シャッフルもできる
友里のお気に入りは、花とスカーフ。
スカーフに描かれたハットの絵から花が…
2,000円
ぱっ…
英介はサムチップでいろんな手品を、自分で考えているようだ…。
本物の指にそっくりの指サック(?)
1,300円
タネをしこんだら、指にはめて….
チンチンにツメがはえた
ぎゃはは
バカ
妻

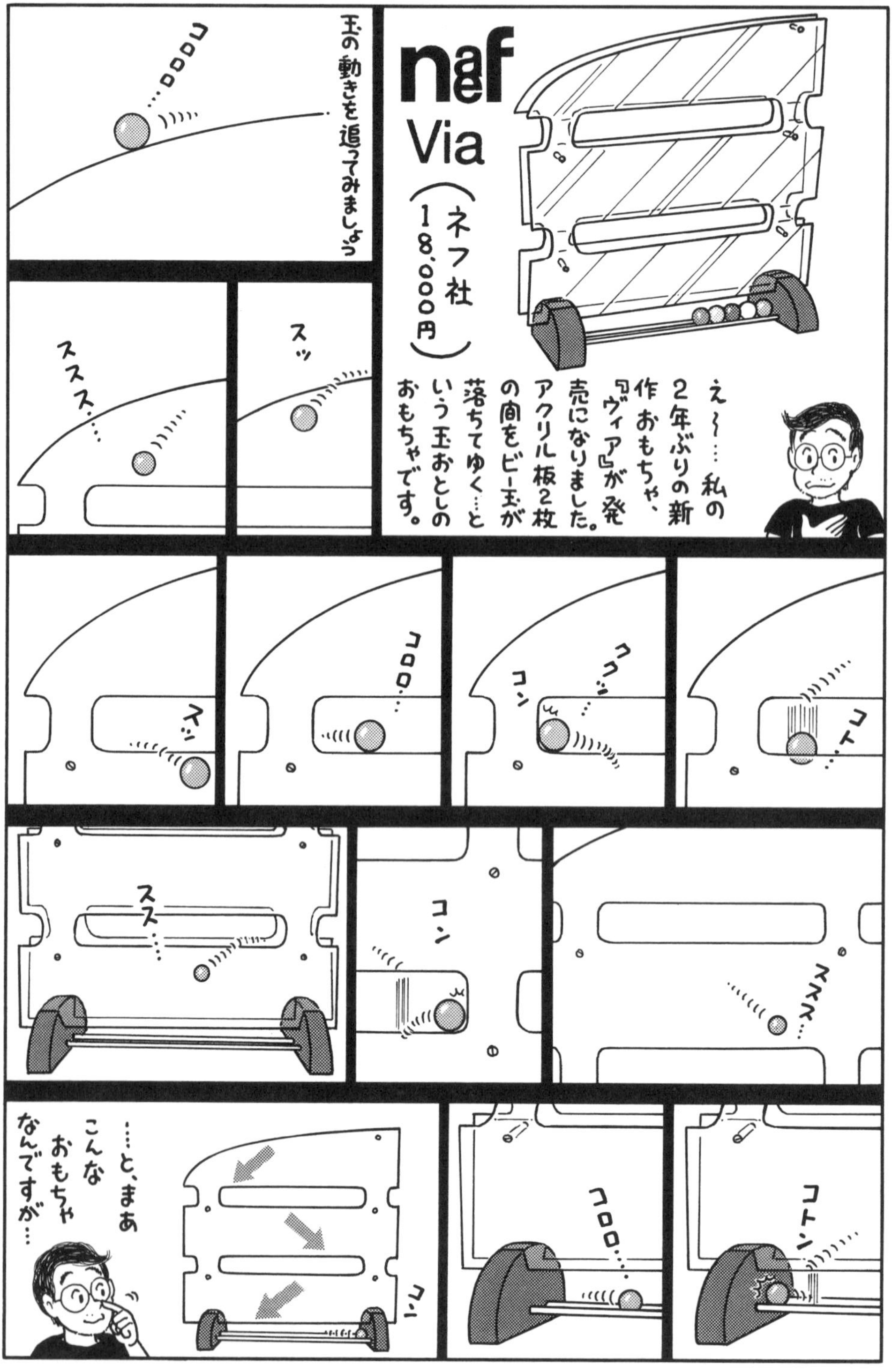
naf Via
（ネフ社 18,000円）
え〜…私の2年ぶりの新作おもちゃ、『ヴィア』が発売になりました。アクリル板2枚の間をビー玉が落ちてゆく…という玉おとしのおもちゃです。
玉の動きを追ってみましょう
コロロロ…
スッ
ススス…
コト…
ココッ
コン
コロロ…
スッ
ススス…
コン
スス…
コトン
コロロ…
コン
…と、まあ こんな おもちゃ なんですが…

これを ごらんいただいた方から受ける質問は、だいたい次の2つです
その1。なんで玉がこんな風に動くの?
その2。なんでこんな(ヘンな)おもちゃを思いついたの?
そこでちょいと誌面を借りてお答えしようと思います。
答1。
まず平行なアクリル板が2枚あるとしますね。
向って左側を少しひろげます。
次に上全体もひろげます。
ビー玉の直径は17mm
17mm以上
17mm
17mm以下
するとアクリル板の中に、17mmの見えない玉の道※ができる訳なのです。
答2。
実を言うと、小学生の頃ピンポン玉と段ボール箱と壁を使って、こんな感じで……
さんざん遊んでたわけですね、私……。
?
コロロロ……
静岡みかん
積み木
小学生が理屈でこれを考えていたらそれこそ天才!
…かもしれませんが、単にこれは発見だった訳です。ホント…。
ハニャ
ムフフ……
私の作った試作品に比べ、ネフ社はずいぶんとオシャレに、アダルト向きに……
例えば水割りをやりながら楽しむ…みたいに
仕上げてくれました。私の作品の中で一番カッコイイ奴ってな顔をしております。
カラン…
とは言え、子どもにも(それこそ乳児にも)楽しんでいただけるハズです。
なんせ、我が家では猫にさえ受けちゃうんだから。

※見えない玉の道、私がこのおもちゃに付けたタイトル。ちなみにViaは独語で「経由で…」

ロンドン市内に怪盗X現わる！
しかし、すぐに彼は
Bus
Underground
Taxi
地下鉄、バス、タクシーを乗り継ぎ逃走！
ロンドン警視庁（スコットランドヤード）の敏腕刑事5人に命令が下った。
この人まちがい
24時間以内に怪盗Xを逮捕せよ！ ……の巻
……と、まあ これがボードゲーム「スコットランドヤード」のストーリーなのだ。怪盗X役と刑事役（5人）に分かれ追いつ追われつ……。怪盗Xは4〜5回に一度しかボード上で姿を現わさない。
X役
よし、バスを使おう
刑事役（3人）かなりキレモノ
刑事役（2人）ちょいとたよりない
（O.M.V.社 4.500円）
刑事たちは、Xが何の乗り物を使ったか だけを手がかりに全ての可能性を洗い出し、Xがどう逃げ、今どこにいるのかを推理し、追いつめてゆく。
バスで逃げたか …となると63番か82番だな イヤまて、裏をかいて111番か？
友里、赤刑事は地下鉄で111番まで行ってよ
やだ 地下鉄の券あと2枚しかないんだもん
こんな具合に、刑事役が複数だとチームワークがうまく取れない時もある。
13時間後、X三《み》たび現わる。
ぐわっはっはっはっ…
青い紅玉？

がはは…
え〜〜？こんな所にいたのォ…
…と、このようにXがうまく刑事をまいた時はX役はこの上なくうれしいし…
くそォ…
刑事役は地団駄を踏むほどくやしい。
がっくり…
逆に刑事の推理が的中し、Xを追いつめていった場合、刑事役は本当に犯人を追いつめる快感を得、X役は本当の犯罪者が味わうであろう狼狽や焦燥を体験する事になる。
ビク…
おどおど…
すごい心理的リアリティー。
THAMES
ボード全体がロンドン市内ってとこがオシャレですね
X役は私か一郎がやる。友里がX役になると、
すぐにつかまっちゃうんだもん
さて、巷では、少年漫画界なんか見ても推理モノがけっこう流行《は》ってるようで、
推理する事って、いわばパズルを解くのと同じ愉しさがある訳ですね
さて…では私も失礼して…
なぜ白秋の『雨』の見立てを？
霧越邸殺人事件 綾辻行人
Yukito 新潮文庫
定価781円

ン?
ン?
アレ?
くそォ
最後の一枚が合わない
カラーマッチ(匹見産業、1,500円)
3×3、9ピースを、となりあう辺の色を全て揃えて、箱に入れるというパズル。とっつきやすい♥
……けどネ
パズルずるずる……の巻
ふとんに入る前、軽い気持ちで手にとったのが運のツキ、
ええい ちがうぞ!
ガラガラ
ハァ〜 もう寝よ
パズルって面白いんだか苦しいんだか……
翌日、帰宅した私の机の上に正解が置かれていた。
ムムッ
だ だれだ?
これを解いた奴ァ
てへへェ…
ま…… まさか…
小学2年生が解いてしまったパズルは、中学生には挑戦する気をおこさせないらしく…
やってみる?
NO!
しかたがないので私だけ6つある答の全てを見つけだす…という新たな目標に向って取り組む。何日かで3つ解けた…。
ま、いっか

そんなある日
お父さん、それ そんなに 面白い?
ああ
だって、これ 数うちゃ当たる式の偶然で解くんでしょ?
ま、友里が解いちゃったのは偶然なんだけどネ
こうして並べてみると、何か法則性があるはずなんだ
例えば 紫を下に置くと 左側は必ず青か黄色になる
それとか、この2つなんか 一ヶ所の色がちがうだけで 他の3色の配列まで同じだろ…こういうのが 他に4組ある…
緑
青
黄
赤
紫
青
黄
赤
だから、9枚36ヶ所の色の配列にかくされた法則性を解くことが問題なんだよ、ワトスン君
この謎が解かれた時 すべての謎も解けるであろう
36ヶ所か… 36は5で割りきれない
いい所に気がついたね ヘイスティングズ 色の数は 赤・青・黄・緑が7、紫だけが8なんだ
キーワードは紫だと私は思う
やってみるかい 石岡くん イヤ 一郎くん…
うん
こうしてパズルは中学生の手に渡った。

ちょっと前「スコットランドヤード」を紹介した時、あの場にどうして英介がいないの？という質問を何人かの方にいただきました。
な〜に答は簡単。英介は最近群れてワイワイというのを好まなくなったんですね……。
ふふん
ま、一人の世界が出来つつあるってェところかな。
それに対して一郎は、つきあいがいい、人がいい、友里にたのまれるとイヤと言えない…ワケね。
ハイハイ
…で、今日も我が家は、私と一郎と友里でゲーム三昧…というより
博打三昧《ばくちざんまい》
……の巻
3枚の上10枚！
ム……
友里はおりたよ
コール！
ジャラ
フラッシュだ
フルハウス！
なにィ
なにしろ二人ともギャンブル大好きで…
も〜困ったもんだ。ポーカー、オイチョカブ、セブンブリッジ、ブラックジャックバックギャモンetc…なんでも来い！だもんね
全部自分で教えたくせに
え〜、ここで自慢ですが…
博打は私が一番強い！
なんでかなァ？
だはは…
こういう事は人生経験の豊富さがモノを言うのよ君たち

いよいよ図に乗った私は花札も教えてやろうと、百町森でこいつを買って帰ったら…
(任天堂 2,000円)
なんとこれ、株札だった。花札はこっち。トホホ…
(同じく 2,000円)
だってホラ 全く同じパッケージなのよ
それはそうと、関係ないけど、ニンテンドーって、これとかトランプをまだ作ってるんだよね
で、せっかくだからオイチョカブは、(トランプでも出来るけど)この株札を使う事にした。 すると…
さあ張った張った
なにか この… ヤサグレた賭博師になった様なヘンな 臨場感が出て面白いのよ、いやホント。
「四」へ3枚!
「八」へ1まい
それにしてもシブいデザイン。
一郎 カブは確率だけにたよったら勝てねェぞ
でもこの場合「八」が2枚出てる。「二」へは来ないと思うよ
よし、勝負!!
……
どうした? 思案ロッポウかい?
もいちだ
ムム…来やがったな
オオッと悪いね 四一《シッピン》だあ。親の総取りね…
カブだったのにィ
友里はナキシチケンで泣きを見たよ
ウ〜ン、やくざ用語を話す七才
ちょっとォ! あんた娘を将来 極妻《ごくつま》にさせるつもり?
妻
エ?イヤ…その…

余談ですがギャンブルの中でも特にバクチ性の強い、十一《トッピン》をやる時だけは、なぜか英介も参加するんだよね…。ウ〜ム。

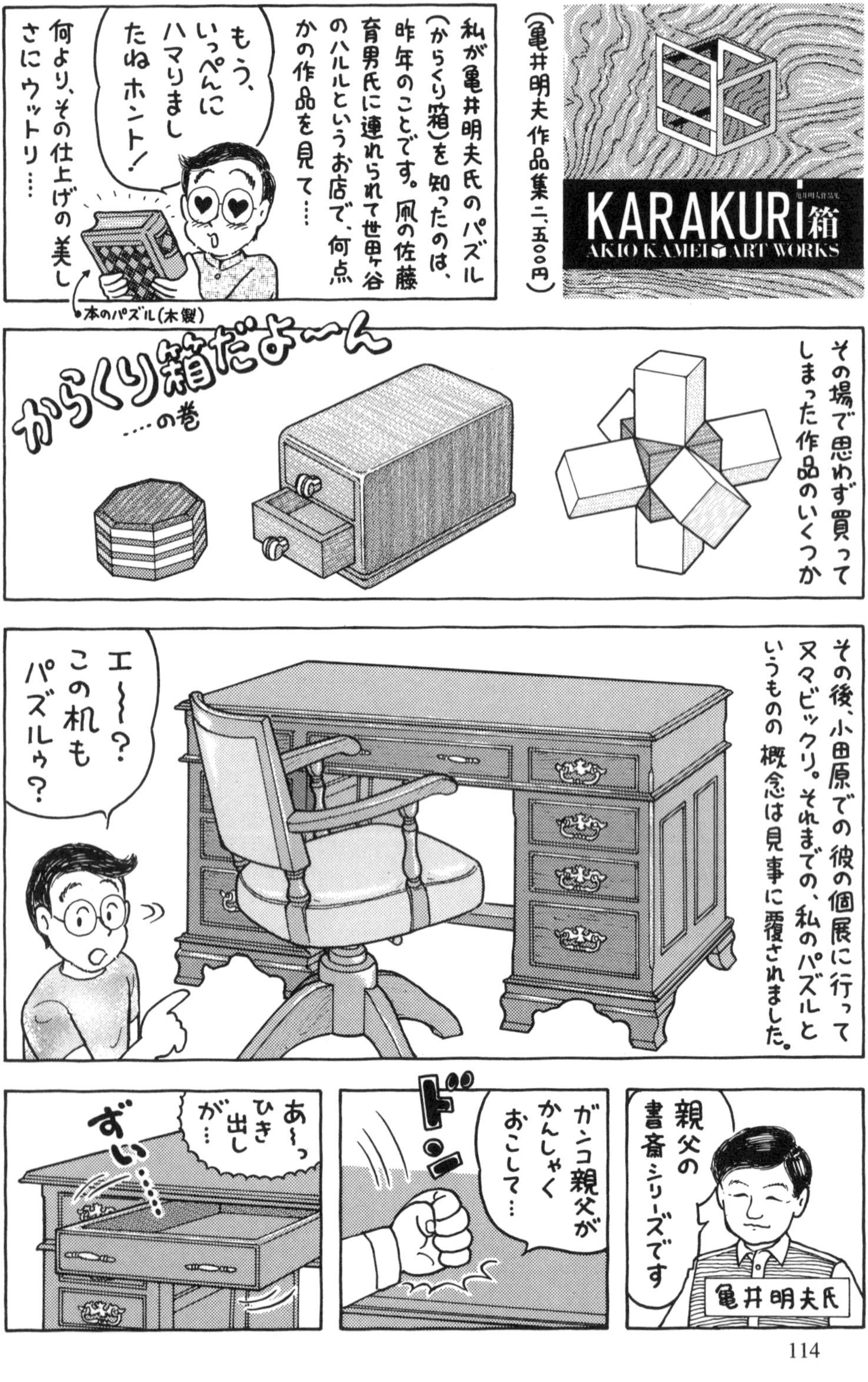
(亀井明夫作品集 二、五〇〇円)
KARAKURI箱
AKIO KAMEI ART WORKS
私が亀井明夫氏のパズル(からくり箱)を知ったのは、昨年のことです。凧の佐藤育男氏に連れられて世田ヶ谷のハルルというお店で、何点かの作品を見て…
もう、いっぺんにハマりましたねホント!
何より、その仕上げの美しさにウットリ…
本のパズル(木製)
からくり箱だよ〜ん
…の巻
その場で思わず買ってしまった作品のいくつか
その後、小田原での彼の個展に行ってヌマビックリ。それまでの、私のパズルというものの概念は見事に覆されました。
エ〜〜? この机もパズルゥ?
親父の書斎シリーズです
亀井明夫氏
ガンコ親父がかんしゃくおこして…
ドン!
あ〜っ ひき出しが…
ずい……

でもこれだけじゃない
このデスクにはもう一ヶ所秘密の空間があるんです。ちょっとやそっとじゃ見つからない…
ツマに読まれちゃまずい手紙なんかのかくし場所ね……
この秘密の空間…ってのが、からくり箱たる所以《ゆえん》で、彼の作品には必ず〝何かが入る（かくせる）スペースがあるんですね。
最近百町森に入荷した『五角小箱』
（12,000円）
例えばキャンディーを仕込んで、
友里…この中にいい物が入ってるんだ
とり出せるかな？とり出せたらあげるよ
ウ〜ン…ここがアヤシイ
友里は簡単に解いてしまった。
実は、英介も一郎も、私よりはるかに短い時間で解いちゃったんですね。パズルには理詰めで解くタイプと、発想の転換でパッと解くタイプとがあるみたい。この『五角小箱』は後者のタイプですね。だから、どうしても理屈にたよっちゃう大人にはムズカシイわけです。
さて、亀井さんの傑作の一つで（パズルと言えないかもしれないけど）、私の大好きな作品に『貯金箱』があります。何がすごいって、これこそ本来の貯金箱の機能を持った貯金箱なのです。つまり、コインで中がいっぱいにならない限り絶対に（いやホント絶対にね）、あかないのよコレ。ちょいとオシャレなプレゼントに最適
見事に美しい寄せ木の仕上げ……
（10,000円）
この凝り方はスイスなんかでオルゴールケースに象眼細工を施す感覚に近いかもね
社長
…とは、柿田氏の弁。

ねェ…この漫画って「絵本とおもちゃの日々」ってタイトルよねェ
妻
ああ
私の絵本の日々…の巻
それにしちゃ最近絵本の話題を描いてないと思わない?
ドキッ
エッ ああ…そう言えば…ウン
ホントは絵本よりおもちゃの方が好きなんでしょ?
イ…イヤそういう訳じゃなくてネ
絵本に関するエピソードがないのよこの頃…
ぐすん
友里、絵本読んであげようか?
ガ〜ッ
風呂上がり
いい、本は自分で読むからそれより遊ぼ!
…こんな感じでパズルやゲームやごっこ遊びにつきあっちゃう訳よ。
最後に本を読んであげたのはいつだっけ…そう…あれは3ケ月前かしら
(みつはしちかこ風……)
友里が風邪で寝てた時…
まくら元に読みかけの『エルマーとりゅう』があったんだ。
これつづき読んであげようか?
うん
うれしい

なにを そんなに しりたがって いるんだい?」と、エルマーは、ききました。「そらそら、あなたも、しりたがりの びょうきに なりはじめた でしょ!
だはは
そういって エルマーは、なにか たべるものを さがしに、れいぞうこのほうへ とんでいきました。
おっしま〜い
おもしろかった?
まあまあだね
あっ そ…
ま、たしかに『エルマーとりゅう』は、その前後の『ぼうけん』、『16ぴきのりゅう』に比べてイマイチ受けないのね…。
そうそう、あの日は この本や、そのあと…
みにくいシュレック
ウイリアムスタイグ 文と絵 おがわえつこ 訳
(セーラー出版 1,262円+税) 見ている者の価値感を問われる、ストーリーテラー、スタイグの傑作!
こうえんのいちにち
(文化出版局 971円+税) タイトル通り公園の一日を淡々と描写した、ゆったりとした絵本。ゾロトウ作、絵はH・A・レイ
これなんか 読んだんだよな。
それにしても 私(と子ども)の 絵本の日々は 終ったんだろうか…。
……
ぬェ あなた…
私に 絵本 読んで下さらない?
妻
き、君…
だははーっ くっさいドラマ
注 この線から下のコマ、ウソ八百ですからね

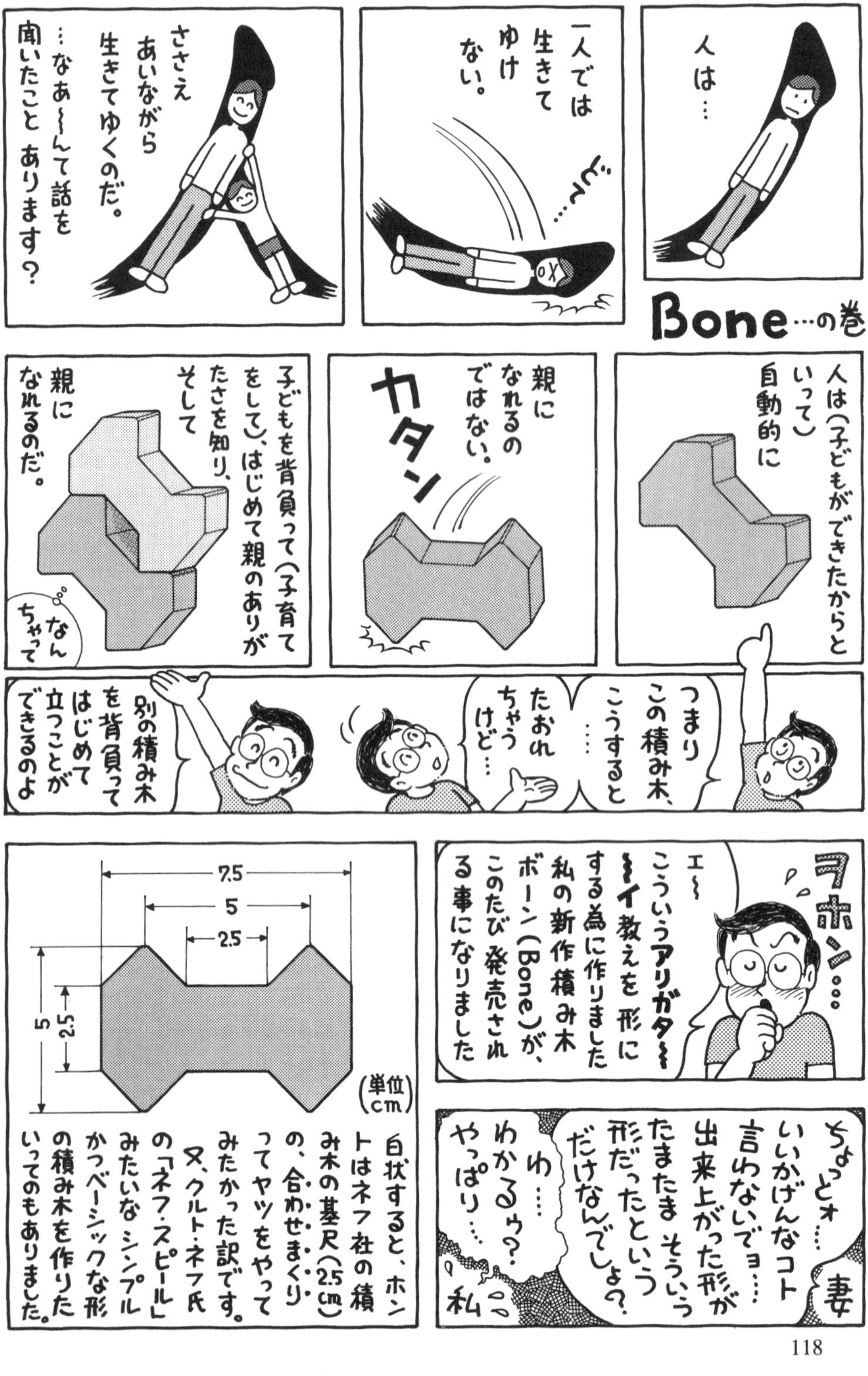

人は…
一人では生きてゆけない。
どて…
ささえあいながら生きてゆくのだ。…なあ～んて話を聞いたことあります?
Bone…の巻
人は(子どもができたからといって)自動的に
親になれるのではない。
カタン
子どもを背負って(子育てをして)、はじめて親のありがたさを知り、そして親になれるのだ。
なんちゃって
つまりこの積み木、こうすると……
たおれちゃうけど…
別の積み木を背負ってはじめて立つことができるのよ
ヲホン…
エ～こういうアリガタ～～イ教えを形にする為に作りました私の新作積み木ボーン(Bone)が、このたび発売される事になりました
7.5
5
2.5
5
2.5
(単位cm)

白状すると、ホントはネフ社の積み木の基尺(2.5cm)の、合わせまくりってヤツをやってみたかった訳です。又、クルト・ネフ氏の「ネフ・スピール」みたいなシンプルかつベーシックな形の積み木を作りたいってのもありました。

ちょっとォ…いいかげんなコト言わないでョ…出来上がった形がたまたまそういう形だったというだけなんでしょ?

妻
わ…わかるぅ?やっぱり…

私

ちなみに 私が最初につけた名前は、Schleife（シュライフェ）蝶ネクタイの積み木だったんですが…
なぜボーンになったか？と言うと、友里が
わ～い
骨つみ木 骨つみ木ィ
…と言って遊んだ訳です。
こういうコトバに弱いんですね

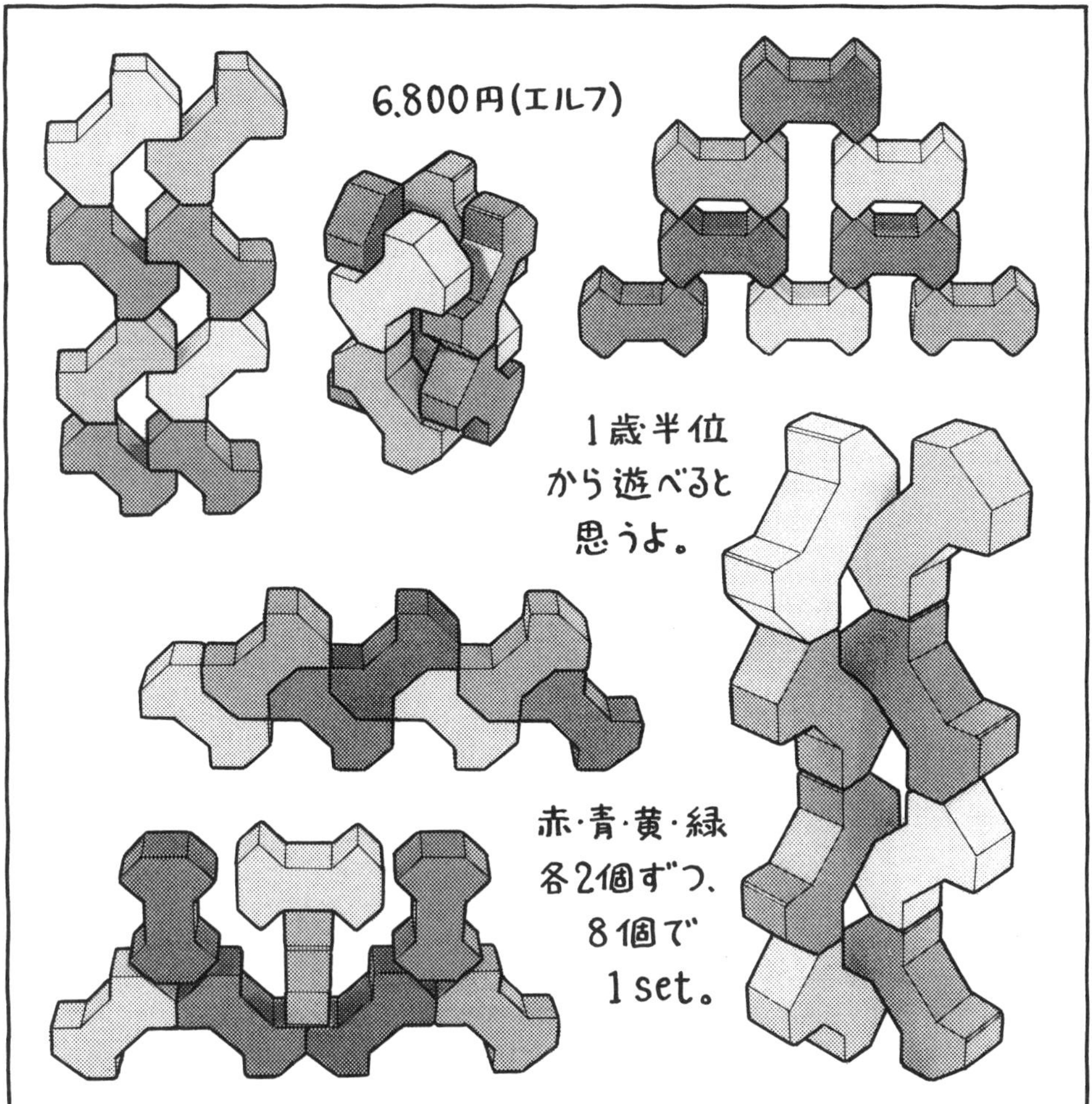
6,800円(エルフ)
1歳半位から遊べると思うよ。
赤・青・黄・緑 各2個ずつ、8個で 1set。

製作は日本一のおもちゃ職人 遠藤裕さんにお願いしました。彼はパコシリーズでおなじみのおもちゃ作家でもあります。仕上げの美しさは見事！

ドイツおもちゃの旅

一　おもちゃのルーツを訪ねて

「ザイフェンに行きたい。」

私の勤める「百町森《ひゃくちょうもり》おもちゃ村（静岡）」の社員旅行にドイツ行きが決定した時、私は真っ先にこう主張した。

ザイフェンは、旧東ドイツの東南、チェコとの国境に近いエルツ山地にある人口四千人ほどの小さな村で、〝おもちゃ発祥の地〟と呼ばれている。

「ニュルンベルクから往復すると、三日ぐらいつぶれるよ。」

「見本市《メッセ》でおもちゃの現在《いま》を見る前に、そのルーツを見ておきたいんですよ。」

こうして「おもちゃ村」社員のおもちゃ村行きが決まった。時は厳寒の二月、氷点下は当たり前という場所だと聞く。なーに、外側は寒くても、心が燃えてるんだから…。

旅のメンバーは、「おもちゃ村」オーナー柿田友広氏と私に加え、川島眞弓さん、佐々木隆行君、露木大子さんの五名である。

旅の初日は、長い一日だった。時差の関係で、二十四時間以上を何度かの仮眠のみで過ごし、ドレスデンのホテルにたどり着いた。

翌朝、ホテルから予約してあったタクシーに乗り、いざザイフェンへ…。車は町を出るとすぐ高原地帯に入り、外は真っ白の雪景色に変わった。車に揺られながら、おもちゃ発祥の地って何だろうと私は考えていた。かつて、おもちゃは貴族階級だけのものだった。物のない貧しい時代、子どもは石ころや棒切れなんかをおもちゃ代わりにしてきたはずだ。それは世界中どこでも…。発祥の地を限定しちゃっていいのかしら?とも思う。

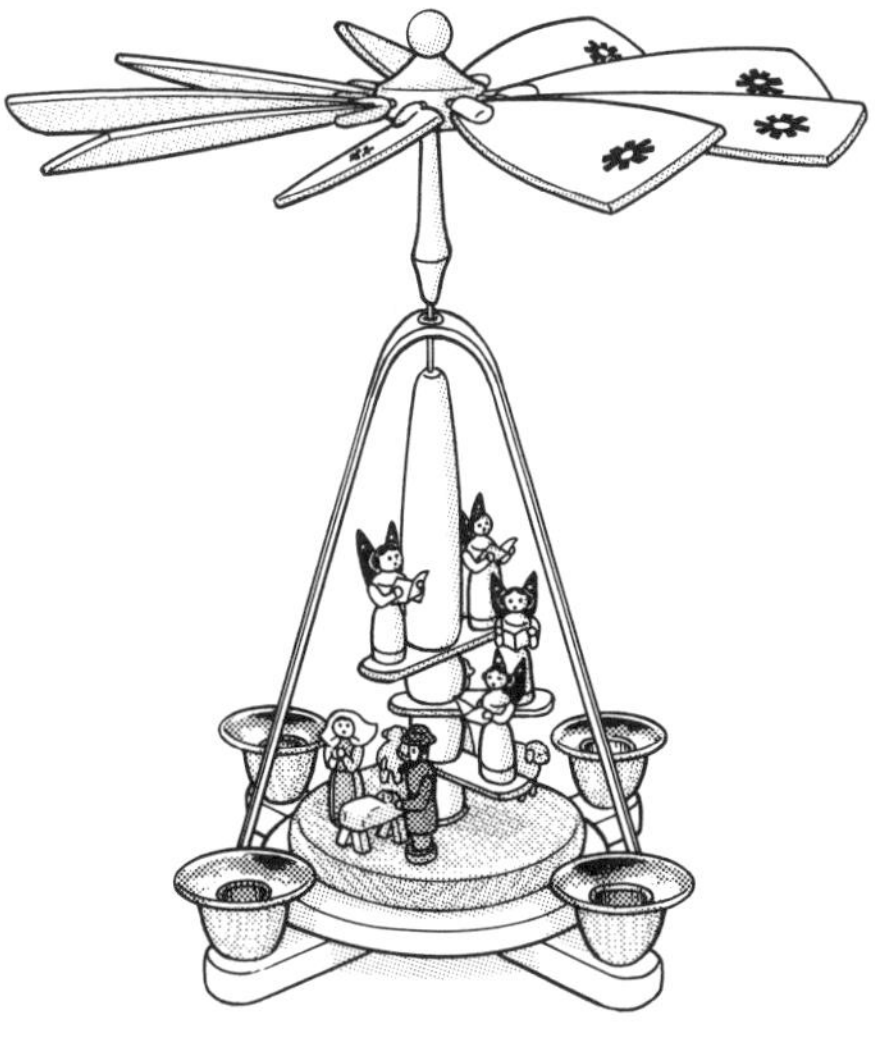
クリスマスピラミッド

いよいよザイフェンへ

雪の中を走ること約一時間半、車はいよいよザイフェン村に入った。ここは本当におもちゃ村と呼ばれるにふさわしく、おもちゃ職人の一家やおもちゃ屋さんなど、何らかの形でおもちゃに関わる仕事をしている家がほとんどなのだ。約百五十ものおもちゃ工房があるそうだ。

村に入ってすぐ、巨大なくるみ割り人形を見つけ、思わずタクシーの運転手さんに「モメントビッテ（ちょっと待って）！」と叫んでしまった。しばらく走るとまた、巨大なクリスマスピラミッド。メルヘンの世界に迷い込んだような、ワクワクした気持ちになる。

私たちがこの地で見学先として選んだのは、ヴェルナー一家である。今年六十七歳になるヴァルター・ヴェルナーとその三人の息子たちが、それぞれおもちゃ職人という一家だ。父ヴァルターは、ザイフェンのミニチュア玩具によく登場する、八角形の教会の屋根の部分の修復をまかされたりもした、いわば村の名士で、鉱夫のミニチュアなどの伝統的なおもちゃの作り手として現役で活躍している。

長男クリスチアンは、これまた伝統芸であるろくろ職人、次男ヴォルフガングはからくりオルゴールややじろべえなど、動きのある仕掛けおもちゃを得意とし、三男ジークフリートは父の工房を手伝うという、ともかく半端でないおもちゃ一家なのである。私たちはまず、次男ヴォルフガングの工房を訪ねた。

ヴォルフガングはおもちゃ見本市《メッセ》のために、ニュルンベルクに出掛けていて、奥さんのウーテさんが我々を迎えてくれた。

アトリエはまだ新しく、木をふんだんに使った内装は落ちついた雰囲気に包まれていた。二階の事務所兼ショールームに案内されると、あるある！のこぎり男や馬に乗る人、ニルスやゆりかごなどの、やじろべえの数々…。振り子で頭と尾をユーモラスに動かす馬もある。

これらの物はヴォルフガングの創作というわけではなく、十八世紀から作られ続けた伝統工芸品なのである。約二百年の間、原理を基本的には変えずに作り続けた職人たちがいたのだ。歴史と伝統を大切に守るという父に似て、息子もまた素朴な中にも頑固なドイツ人らしい気質があったと思われる。

作品を点検するヴァルター・ヴェルナー氏

名に聞こえたろくろ技をついに見る

ウーテさんは、最新作の「でんぐり返りおじさん」を見せてくれた。バック転をしながら階段を下りてゆくおじさんのおもちゃで、中国の古典的なおもちゃを現代に蘇らせたものである。ウーテさんによればオリジナルに比べ、手足のつけ根の部分や素材にも改良が加えられているとのこと。

私はこの人形の動きを一目見た瞬間魅入られ、結局これは私のお土産第一号となった。余談ながら、このおもちゃは帰国後、娘の友里に「デンさん」と名付けられ、毎日でんぐり返りをさせられている。

一階の工房では、二人の女性が働い

デンさんの動き

ていた。イースターエッグの絵付けは細かい手仕事で、一つひとつていねいに仕上げられてゆく。もう一人は、オルゴールの箱をにかわで接着する仕事をしていた。

「これ、何だと思う?」という感じでウーテさんが見せてくれたものは、ガラスびんに入った一見おがくずにしか見えない超細かな木のパーツ。一つひとつは一ミリか、せいぜい二ミリぐらい。なんと人形の鼻だそうで、長男クリスチャンの工房でろくろによって作られたものだと聞いて、またまたビックリ。

このろくろ技こそ、ザイフェンの名を世界に知らしめたものである。私がどうしてもこの地に来たいと主張したのも、この技を自分の目で見たかったからだと言い切ることができる。

私たちはそのろくろ技を見せてもらうべく、ウーテさんに別れを告げ、長男クリスチャンの工房へと急いだ。彼も例によって見本市《メッセ》に出掛けていて留守だったが、我々は運良く、ろくろ職人ロレンツ氏の技を目の当たりにする幸運に恵まれた。

まず、図のように唐檜《とうひ》の丸太をろくろ（というか旋盤）に水平に固定する。軸と共に回転する丸太に、バイト（刃物）を当てて削ってゆく。どう削るのか、といえば断面が動物の形になるようにするわけだ。

当然のことながら、正確に馬なら馬、豚なら豚ができているかどうかは、この時確認することはできない。削り終わったドーナツ状の木をケーキを切るようにカットして、初めてそのでき具合がわかるのである。つまり、職人は長年の経験と勘だけを頼りに削り落としてゆくのだ。

ロレンツ氏は一見、無骨な腕相撲の強そうなおっちゃんといった感じで、その技は大胆であり、迷いのない思いきりのよい刃物さばきだった。ろくろ技に緻密で繊細なイメージを持っていた私はそのギャップが妙に面白かった。

しかし、そんな彼の頭の中には何百種類もの動物の形が入っているとのこと。ザイフェンに百年以上伝わるこの伝統の技を、現在受け継ぐ職人は十人余りと言われている。が、どんな動物でも削れる職人となると、わずか四、五人なのだそうだ。うち二人がクリスチアンとロレンツ氏なのである。

　さて、こうしてできた動物は、一つひとつ手作業で削り込まれ（これをカービングという）、本物そっくりの動物の形になったところで着彩が施される。工房の二階で行われているこれらの仕事は、私がイメージした通りの緻密で繊細なものだった。ヴォルフガングの工房と同じく、ここでもまた、こうした細かい仕事をするのはすべて女性だった。白熊をカービングしている方に「ホワイトベア？」とたずねると、「ナイン（いいえ）、アイスベア。」だって。

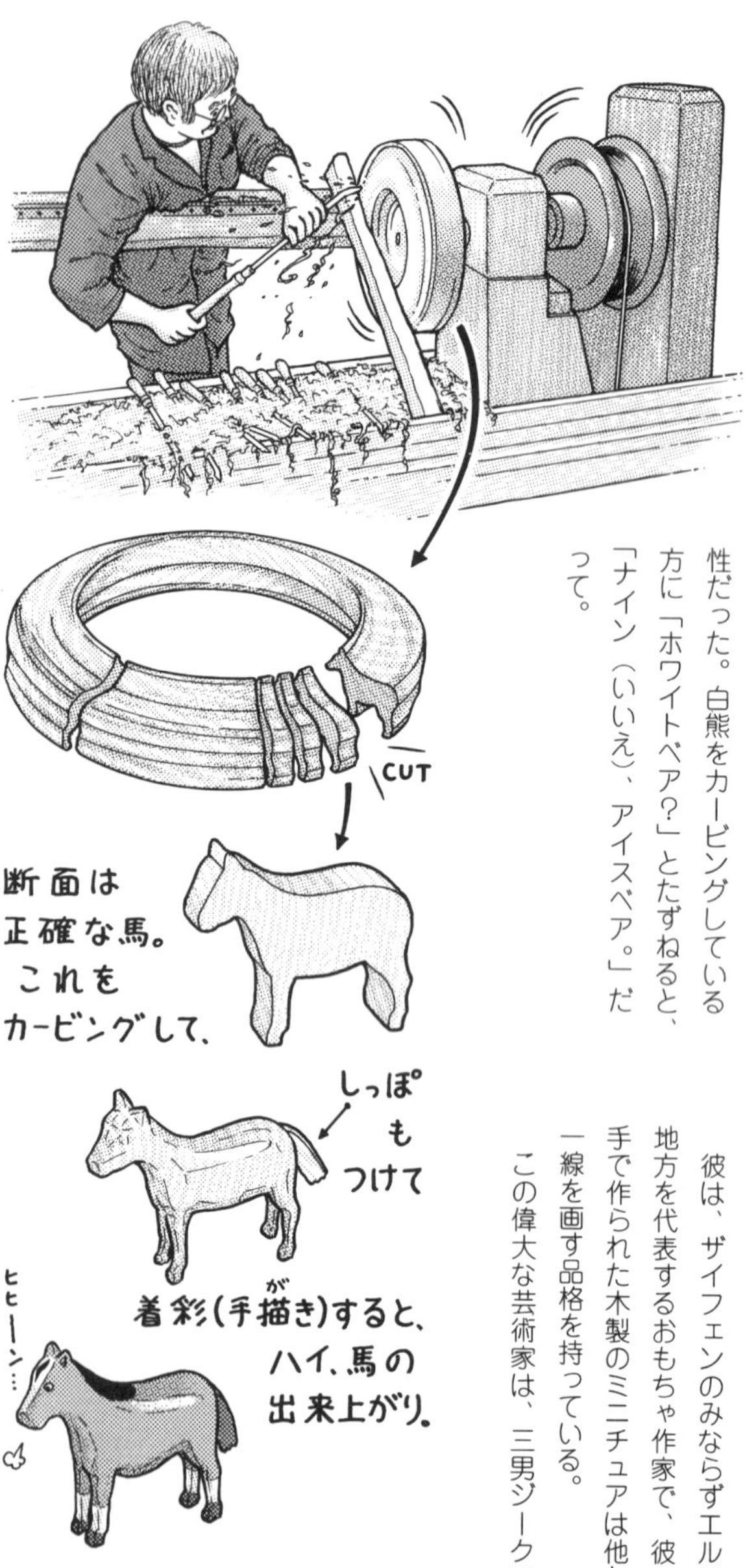
CUT
断面は正確な馬。これをカービングして、
しっぽもつけて
着彩(手描《が》き)すると、ハイ、馬の出来上がり。
ヒヒーン…

発祥の地の意味が胸に落ちる

　興奮の覚めやらぬまま、私たちはクリスチアンの工房を後にした。昼食を挟み、さていよいよ父ヴァルターの工房へと向かった。

　彼は、ザイフェンのみならずエルツ地方を代表するおもちゃ作家で、彼の手で作られた木製のミニチュアは他と一線を画す品格を持っている。

　この偉大な芸術家は、三男ジークフ

リート氏と共に満面の笑みで私たちを迎えてくれた。決して偉ぶることのない、気さくで温かい人柄が伝わってくる。

　彼はろくろではなく、糸ノコで切り出された、少し大きめの馬のカービングの様子を見せてくれた。

　すごい！顔や首、足がみるみる本物の馬そっくりに削り出されてゆく。私はふと、人間国宝なんて言葉を思い浮かべていた。気がつくと孫のミャーヤンちゃん（九歳）が我々と一緒にずっとおじいちゃんの仕事を見ている。ちょっとはにかみ屋さんのとてもかわいらしい少女だ。

おみやげの『おふろやさん』（福音館書店）を見るミャーヤンちゃん

　できあがった馬を「どうだい」という感じで見せてくれるヴァルター氏の笑顔と、孫を見つめるそのまなざしに、私は何か胸にストンと落ちるものを感じた。”おもちゃ発祥の地“という言葉の意味がふいにわかりかけたような、そんな気がしたのである。

　ザイフェンは、かつて錫《すず》を中心に銅や鉛の採鉱で栄えた町である。ヴァルター氏のおもちゃのモチーフはこの時代の鉱夫が多い。鉱夫と天使が対になったミニチュアや、クリスマスピラミッド。天使は幸運の象徴であるとともに、一家の主《あるじ》の安全を願う家族の思いを形にしたものでもあるそうだ。

　採鉱の仕事が、落盤や爆発事故という危険と、いかに隣り合わせの職業であったかがしのばれる。二世紀半もの昔の、この地の産業を主たるモチーフに選ぶところが、伝統を重んじ、大切に守るという彼の精神を物語っている。

　ヴァルター一家だけでなく、ザイフェン村のおもちゃは創作玩具というよりは、伝統玩具という呼び方がふさわしいものばかりなのである。伝統を大切にするということはつまり、歴史を大切にすることであり、先祖、ひいては家族子孫を大切にするということにもつながる気がする。

　この地で技を見学し、素朴で暖かな人たちとふれあいながら、私は”おもちゃ発祥の地“の本当の意味にようやくたどり着けたような気がした。

　たしかに石ころや棒切れでも子どもは遊ぶ。しかし、そんな子どもを見て「それでよし」としない大人が、まずいたんだ。この貧しい田舎に……。

　始めこそ、木っ端《こぱ》切れか何かで、ほんのちょいとしたものを作って、子どもに手渡しただけなのかもしれない。が、どうせ作ってやるのなら美しいものを…もっと面白い仕掛けのものを…と変化してゆく。それがやがて手工業と言えるほどに発展していったのではあるまいか?

そして、そのプロセスにはいつも必ず子どもを見つめる大人の眼差しがあったに違いない。この眼差しこそが、おもちゃ作りの原点だったのではないだろうか。

そう考えるに至り、私は自らの発見に感動し、このザイフェンに来て本当に良かったと心から思ったのである。

二　おもちゃの現在《いま》を見る

ドイツでは毎年二月、ニュルンベルクで世界最大規模のおもちゃ見本市《メッセ》が開かれている。

五十五カ国から約二千九百ものおもちゃメーカーが出展するこのメッセも、今年でなんと五十周年を迎える。

私は、趣味というか副業(?)としておもちゃのデザインもしており、スイスのネフ社から現在四点の製品が発売されている。ネフ社は従業員三十人ほどの中堅おもちゃメーカーである。しかし、そこで作られる製品の精度と美しさは世界最高の水準で、大人のファンも多い。

かく言う私も熱狂的ネフファンの一人で、それが高じておもちゃデザイナーという肩書きを持つようになってしまった。昨年末にそのネフ社から私宛に「メッセで積み木パフォーマンスをしてほしい」との依頼があった。実はこの時点で今回の「おもちゃ村」社員旅行も本決まりになったわけなのである。

私にとっては六年ぶり、二度目のメッセ訪問であったが、いつ来てもその規模には驚いてしまう。十四の大きな会場に、平均して一会場約二百ものブースが並ぶ。開催期間内ですべてのブースを見て回ることは不可能である。

とは言え、四号館は鉄道模型、クリスマス用品が七・八号館、ゲーム類は十一号館といった具合に分かれているので、見学の目的に従って優先順位を決めて歩いて行けば良い。と言うより、そうするしかないわけである。

天使と鉱夫

クルト・ネフ氏との再会

私たちはまず最初に、一号館にあるネフ社のブースに向かった。グレーを基調としたシックで落ちついた雰囲気のネフ・ブースに着くと、ネフ社創設者であるクルト・ネフ氏がにこやかに迎えてくれた。

彼は今年七十五歳、社長・会長職を退き、今は相談役という立場である。社長時代から長くデザインの仕事も続けていて、今も現役デザイナーである。いつお会いしてもいたずらっこのような目の輝きを持った、私にとって"理想のおじいちゃん"である。「人は、年を重ねるごとに若くなってゆく」という言葉があるが、この人こそ、その典型だな……とつくづく思う。

挨拶もそこそこに、彼はこれを見てくれと、新作おもちゃの何点かを私に見せてくれた。「ぜひアイザワの意見を聞きたい。改良すべき点があったら、遠慮なく言ってくれ」また、「あっ、それからこっちのはおとといの夜やっとできたんだ。ちょっと自信ないんだけどどうかな?」と言う。

新作を披露するクルト・ネフ氏

クルト・ネフと言えば、木製玩具業界では最大の重鎮と言っていい人で、若きデザイナーの憧れや目標でもある人だ。当然、創作玩具のコンペなどでは、審査委員長を務めたりする立場である。私も自作を彼に審査してもらった経験が一度ならずある。

そのクルト・ネフ氏が今、「君の意見を聞きたい」と少年の目をして私に新作を見せてくれているのだ。何と言うことだろう…。私は感想を述べるよりもそのことに感動し、また彼の若さの秘訣をかいま見た思いで胸がいっぱいになってしまった。

小さなブースが面白い

さて、私のパフォーマンスは翌日から三日間、午前と午後の二回ずつ行われることが決まっていた。この日は、まずゆっくりといろんなブースを見て回りたいと思い、私たちはネフ社にひとまず別れを告げ、見学に回ることにした。

ここで私は単独行動を取りたいと、仲間に宣言した。柿田氏は日頃「おもちゃ村」で扱っているおもちゃのメーカーに、挨拶かたがた情報交換のために歩いて行く。私はと言えば、すべて自分の感覚のおもむくまま、行きたい方向に行き、見たいものを見てみよう…と出発したのである。

三百六十度、周りすべてがおもちゃであふれている。あ、あれ面白い!お

ブライトシュベルトのハンペルマンと、おきあがりこぼし

っ、こっちも楽しい！まるで砂糖の壺に迷い込んだ蟻のような、うれしい困惑。私の好きな木製玩具や人形、ぬいぐるみなどは一号館～三号館に集中している。

　まず目立つのは従業員、数百人規模の、大手メーカーのどでかいブースである。こうした企業のブースでは、たいていスーツにネクタイ姿の営業マンが〝商談〟のために構えている。ちょいと製品を手にとって眺めたりしていると、すぐ誰か近づいて来て、ドイツ語か英語で声をかけてくる。語学がてんでダメな私は「ナイン、ダンケ」と言いつつ、エ～イうるさい、ゆっくり見せてくれ…と思ってしまうのである。

　私にとってはこういう大手メーカーより、小さなブースのほうがはるかに面白かった。なぜなら、作り手が好きでやっていることが伝わってくるからだ。

　たとえば、夫婦二人きりで、ハンペルマンや置き上がりこぼしを、凛とした美しい仕上げで作っているブライトシュベルト社のブースや、デザイナーがたった一人で、おもちゃというよりむしろオブジェに近い作品を並べているプレイアート社、気の合う仲間三人で超幾何学的なおもちゃばかりを並べているリビングカラーズのブースなどなど…である。

　彼らは本当に自分の作った作品を愛し、その良さを伝えようとしている。それも「ねえ、これ面白いでしょ？どう？」という感じで、皆うれしそう。全然押しつけがましさがない。言葉が通じなくても伝わってくる作者の思いがある。

ついにポングラッツ人形を買う

　そんなこじんまりしたブースの一つで、旦那さんと二人でひっそりと来客を待つ、エリザベート・ポングラッツさんがいた。彼女の名が人形の愛好家の間に広く知れ渡ったのも、十六年前のこの見本市《メッセ》から、と聞く。「世界一の人形作家」、私は心密かに彼女をそう呼んでいる。一体ずつすべて手作業、手描きによって完成された菩提樹製の人形たち。

　実は、私にはネフ社でのパフォーマンス以外にこのメッセ訪問の目的がもう一つあったのだ。それは、ポングラッツ人形を一体購入することである。

　購入といっても会場で直接買えるわけではない。輸入代理店（この場合はアトリエ・ニキティキ）を通しての予約という形になる。彼女の作品の虜になってから十年…。とうとう清水の舞台から飛び下りる決心がついた。

これまで『げんき』や『母の友』誌上で私は、努めて子どもを馬鹿にせず、媚びもしないで作られた、愛すべきおもちゃたちを紹介してきた。子どもたちにぜひ手渡してほしいおもちゃを、その良さをぜひ正確に伝えたい…と思いながら。

でも、読者の方から一番多く届く声は「いいけど高いわね」なのだ。おもちゃは特に仕上げの美しさにこだわると、価格がはね上がる。「〝子ども向き〟なんだから、こんなモンだな…」と考える作り手と、「〝子ども向き〟だからこそ最高のものを…」と考える作り手との落差は想像以上に大きい。

そんな風に考える私は、三人のわが子のおもちゃは自分で責任を持って良いものを与えるよう努めてきた。ハッキリ言って、服は甥っこのお下がりを着せても、おもちゃ代にはイトメをつけなかった。

　そんな私でさえ、である。ポングラッツ人形購入を決心するまでに十年の歳月を必要とした。それはひとえに価格による。この人形を指して、だれしもが「ああ、これはオモチャの値段じゃないね」と言う。大人の人形マニアか、今流行《はや》りの「お宝オタク」のためのもの、という考え方がされたりもする。

　が、私は断じて違う、と信じてきた。この人形は子どもが生涯の友として、共に泣き笑うはずのものであろう…と。事実、ポングラッツさんご自身も「子どものためのものです」と明言しているのだ。彼女の子どもたちは母親の作った人形と今も一緒に生活をしている、という話を聞き、ついに私も意を決したというわけである。買うぞォー。

　こういう意気込みで、ポングラッツブースに入ったものの、いざ選ぶとなると約五十体の人形の一体一体から放たれた〈気〉にまず、たじろいでしまう。本当にどの子も可愛くて…生きている。

　結局私はこの後二回にわたり足を運び、ようやく自分の一体を選んだ。店のお客さんからもベビー人形を一体選んできてほしいと頼まれており、こちらもずいぶんと時間がかかった。と言っても楽しく贅沢な時間でもあったのだが…。

大成功積み木パフォーマンス

　さて、翌日から始まった私の積み木パフォーマンスは、おかげさまでとても多くの人たちに好評を博すことができた。特にこれを機に新しい同好の士と出会えたことが私にとっては何よりの収穫だった。

　アメリカのジャーナリストは「いつかアメリカに来てくれ」と言ってくれ、フランスの輸入代理店パス&パス社の社長も「パリでパフォーマンスをお願いしたい」とのこと。また、私と同じ作り手の立場の人からも声をかけられた。私の大好きな人形メーカー、ジルケ社の社長や、カプラ積み木のデザイナーからも握手を求められ、晴れがましい気持ちにしばし酔った。

　また、我が心の師であり、親友の天才ピエール・クラーセンとも、思いがけず再会でき、私の喜びは頂点に達した。

彼はネフ社を代表する積み木「キュービックス」や「セラ」などの作者である。普段人混みを嫌い、ほとんどメッセには顔を出さないのだが、その日はたまたまネフ・ブースにふらりとやって来たのだ。

　再会の喜びに抱き合い、彼は「今日も君の漫画を友人に見せたんだ」と言う。エ〜、私の本をいつも持ち歩いてくれてるの？「またゆっくり飯でも食おうぜ」と言い残し、風のように去って行く天才…カッコイイ！

　ところで、私たちはまる四日間、メッセ会場で木のおもちゃばかりを見ていたわけではなく、駆け足ではあってもプラモや電子玩具も見たのだ。特にソニーのプレイステーションの盛り上がりはやはりすごかった。

　時代を呼吸し、取り込み、時代を作ってゆく玩具メーカーもあれば、時代の流れとは一線を画し、自分たちの信じる〝面白いもの〟を追及するタイプの作り手や、ヴェルナー一家のように伝統を大切にした物作りを基本とする作り手もいる。

　どれが良いとか悪いとかではなく、あふれかえるおもちゃがあることが現在なのだ。そしてその中からどれを選び、子どもたちに手渡してゆけば良いのかを考えることは、大人の責任なのかも知れない…などと思いつつ、私はドイツを後にしたのである。

一九九九年八月

クラーセン氏とネフ氏の作品を使ってのパフォーマンス

1999年2月、ドイツ・ニュルンベルク、おもちゃメッセの会場で、私は偶然にもピエール・クラーセン氏と6年ぶりの再会をはたした。

オ～～ッ アイザワ!

抱擁……の巻
P・クラーセン……言うまでもなく今世紀最高のおもちゃデザイナー。代表作、『キュービックス』『セラ』『ダイアモンド』『アングーラ』『ドリオ』

不思議ナモノダ 今日、君ノ事ヲ思ッテイタラ君ニ会エタ。今日モ君ノ描イタ漫画ヲ友人ニ見セタノサ…

え～～っ いつもボクの本を持っていてくれてたのォ?

アイザワ 会イタカッタ…

ピエ～ル……

アハン。。。

ガ
男どうしで抱きあう…というのは初めての経験だった。

後日、同会場で『アゴン』『ディアボ』の作者フレッド・フォス氏にも会う事ができた。彼は弾丸のように言葉を発するおっちゃんだった。
ペラペラ ペラペラ ペラ ペラ ペラ ペラ ペラ
ペラペラペラペラ ペラペラペラ ペラ ペラ
ペラペラ ペラペラ
ペラペラ
ペラペラ
ハ… ハイ アノ…
ゆっくりしゃべってもらってもドイツ語の全くわからない私…

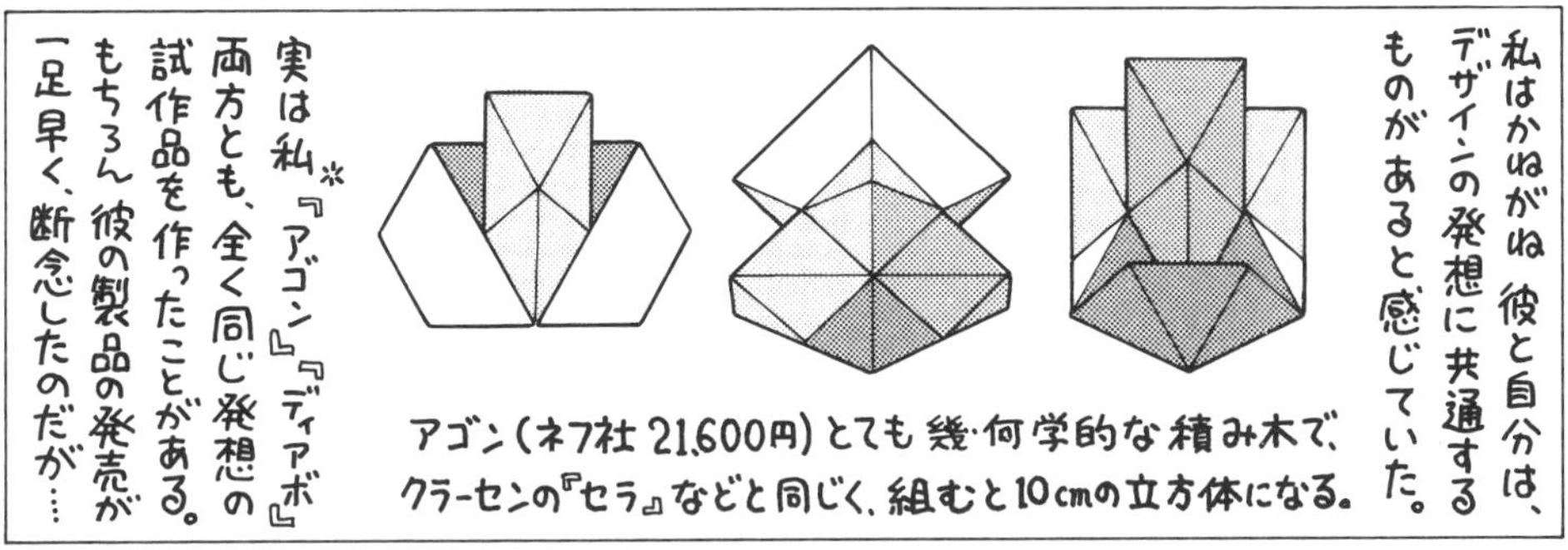
私はかねがね 彼と自分は、デザインの発想に共通するものがあると感じていた。
アゴン（ネフ社 21,600円）とても幾何学的な積み木で、クラーセンの『セラ』などと同じく、組むと10cmの立方体になる。
実は私※『アゴン』『ディアボ』両方とも、全く同じ発想の試作品を作ったことがある。もちろん彼の製品の発売が一足早く、断念したのだが…

※くわしくは本書30ページをごらん下さい。

…そのことを彼に伝えると
ソレヲ言ウナラ 私モ同ジサ。君ノ『アイソモ』ガ世ニ出ル前、アレト同ジヨウナ作品ヲ私モ考エテイタンダ
アレガ発売サレタ時ァ、ソリャア モウ クヤシカッタモンサ
デモ今、私ノ仕事場ニハ君ノ『アイソモ』ガ イツモ飾ラレテイルンダゼ、イヤホント

──と言うなり彼は、
ワハハ…
ギュウ
こうして私はドイツで2人の男に抱かれた。

初出

絵本とおもちゃの日々
『げ・ん・き』（エイデル研究所）31号〜58号
ドイツのおもちゃの旅
『母の友』（福音館書店）一九九九年八月号
マイフェイバリットネフ
撮りおろし

あとがき

my cup

約4年間

今から15年前、私は上の様な漫画を、百町森『コプタ通信』に連載しておりました。平凡でおとなしい性格の主人公黄い太より、トロくてお人好しのみどざえもんに人気が集まったものでした。この作品は最終回にあたります。別にこれで終了する予定ではなかったのですが、これを描いた後、突然描けなくなってしまったんですね。それほどこの作品が、当時の(そして今も)自分の気分を描ききっており、満足のゆく出来だったんだと思います。

雷吉《らいきち》
黄い太
みどざえもん
へこきの石太郎
級長のチェス
プゥ…
イヤ〜〜懐かしいなァ そう言えば人間と鬼の混血児《ハーフ》、黄い太の大河成長ドラマになるはずだったんだよね、この話って……
さて何年かのブランクの時期があり(この間、私にも子どもができており)、ある日柿田氏が
相沢くん子育て漫画描いてみない?
——と、もちかけました。
若い♪
いちおう断っておきますと、子育て漫画というジャンルは、この時点でまだ確立されてなかったはずです。メジャー誌の子育て漫画第一号「あたし天使あなた悪魔」(プチタンファン)より少し先んじていた訳ですから、柿田氏の先見性にはおどろきます。
©婦人生活社 田島みるくサン
後に『母の友』で、いしもりよしひこ氏の「子どもと私の普通の日々」の連載が始まった時には男親の描く子育て漫画として共感を覚えたものです。
ほんとはハンサムな石森氏 この自画像はズルイ
©福音館書店
ところで私の作品は、(ショーバイ人が描いて店の印刷物に載せるんだから、絵本やおもちゃを紹介すべき)という、もう一つのテーマも持たせました。
絵本かおもちゃのエピソードに限る…という制約は、実は、なかなかキビシイものがありました。例えば……
仲の良い兄と妹の間で孤立しがちな英介の心が猫を飼う様になって安定した…なんてエピソードは、描けば面白かったと思いますが……
…描けない訳です。でも、この制約の為に私は“遊ぶ子どもを観察する”という習慣が身につくんですね。結果的に……。連載中におもちゃデザイナーとしてデビューできたのも、この事と無関係とは言えないと思います。ともかくこうして私の子育て漫画は始まったのです。

さて、ある日、エイデル研究所の新開英二氏が保育誌『げんき』の営業に百町森にやってきました。

どうも
すんませ〜ん
ム…

私も柿田氏も彼とは初対面だったのに 妙に気が合って、お互いにわりとズケズケものを言い合ったのを覚えています。

地味な雑誌だねェ
センスがね…

やっぱ今はビジュアルの時代ですよ『音楽広場』なんか見てもサ
冗談言っちゃいかん！それよりトラヤ(帽子店)のコンサートなんか企画してちゃダメよそっちこそ
——てな調子。

新開氏はコプタ通信をパラパラっと見て…

うん…これそのまま『げんき』に載せよっか？

…と、私の漫画をたった6ページ読んだだけで、なんと連載を決めてしまいました。

こんな編集長他にゃ絶対いません！

ホント
——でも後日、電話で…

原稿料だけどさ…鉛筆とかでいいかな？

な なんですって？

ズル…

——これには コケましたが。

…ちなみに原稿料は、キチンといただくことになりました。念のため…

…とまあ、こうして連載も決まり、順調にスタートを切った「絵本とおもちゃの日々」でした。1989年のことです。

連載を持つという事は、うれしくもあり、定期的に〆切が来る訳で、苦しくもある事です。今日まで10年描《か》き続けられたのは、柿田氏をはじめ友人知人の励ましと、何より読者の方々の応援があってこそだと 思います…。

(エイデル研究所・1305円)
好きッ!
絵本とおもちゃの日々
相沢康夫
『げ・ん・き』の連載を始めて5年…。まとまった原稿を、ようやっと一冊の本にする事ができました。私の初の著書『好きッ! 絵本とおもちゃの日々』が出版されたのは1994年、秋も深まる頃でした。
この本は意外にも(と言うより予想通り)書店よりもおもちゃ屋さんで、多くを売っていただいているようです。
おもちゃ屋と言っても主にヨーロッパの木製玩具を中心に扱っているお店ですね
東京のてとてとさん、香川のウーフさん、札幌のるばのこさん……他、全国の、私の本を置いて下さっているお店の皆さま、本当にありがとうございます。
えー…これからもよろしくね…
ちゃっかり…
この本が絶版にもならず、今も売れているのは帯の谷川俊太郎さんの言葉のおかげでもあります。いただいた葉書を、そのまま帯にする事を快諾して下さった谷川俊太郎さん、ありがとう!
おもしろかった。ホントーにぼくの本も出てきてうれしかった。これはマゴの役に立ちそう。ニキティキも近い。ありがとう。
おマゴさんの役に立ったかしら?
又、新聞の全国誌で唯一、私の本を取り上げ、紹介して下さった評論家野上暁さんにも感謝感謝…です。
「所々に辛辣な批評を交えながら、この本は実にユニークで楽しい、漫画による絵本とおもちゃのガイドブックである。」
…作者として身に余る本当にウレシイ評論でした
それから、この本を口《くち》コミでお友達にすすめて下さっている全国の、心やさしい皆さん、本当にありがとう!
福井の児玉さん
北海道の藤鉄田勝三さん
千葉の奥村さん
山形の吾妻さん
書ききれません

『好きッ！』の表紙のイラストを描いてくれた酒井智子さんは、かつて百町森に喫茶コーナーがあった頃、コーヒーなんかいれていた方です。
私は彼女の絵がとても好きで、表紙をお願いしたのですが、これは正解でした。出たばかりの頃 友人達に、
いい本出したねェ
だろ？
表紙が
はァ？
……なんて憎まれ口をたたかれたものです。
最近では彼女、プリントゴッコによるポストカード作りに凝っていて、素晴らしい作品をバンバン発表しています。
はやいとこメジャーデビューすればいいのに
…と私は勝手に思っているんですが当人は欲がないんですね。ま、そこが良いのかもしれませんが…。
さて、『好きッ』出版以来
奮闘子育てパパ（読売新聞）
子育てに参加してエライ
奥さん助かってるでしょうねェ…
父親のカガミ
こういった声が私の耳にも届き、身の縮む思いをしました。
ぷんぷん
妻
……そう言えば妻も知りあいの読者に「お宅はいいわねェ、ダンナが育児に協力的で…」と言われ、むくれたりもしてましたね。
つまり絵本を読んでやる事も、おもちゃでいっしょに遊ぶ事も、私は好きでやってるだけでいいとこどりみたいなモノです。
ムカ。
妻
まあまあ
あ、それから「奥さんがあんまり登場しないのね…」という意見も多く聞きましたが、これは実は妻本人の希望なのです。ま、あしからずっと。
妻
だって出たくないんだもん
このスタイルができてからは声の出演はしてもらってますが

さて、こうして約10年、私は3人の子どもの日常を描き続けてきました。ときおり、
一郎くんお元気？
え、ええ
ーなんて初対面の方にイキナリ尋ねられたり…
英介くんてウチの子にそっくりで
ーなんて話しかけられたりします。ハイ…。
自分の創作したキャラクターが読者の心の中で生きているのはうれしいのですが、ちょっと複雑な気持ちにもなるんですね、こんな時……。
…つまり、うまく言えないんですが、自分は子どもを私物化してるんじゃないか？という反省です。
今
杉山亮 著
子どものことを子どもにきく
八年間の親子インタビュー
(岩波書店 1,200円十税)
杉山氏と
この本は息子の隆くんとの対談本なのですが、彼が3才の時からそれを始めちゃう所が杉山氏らしい。その発想のユニークさに脱帽しちゃうのですが、フィニッシュの決め方が又、ウマい！
今回私…
無断でこれをイタダキマス。
彼等にもプライバシーがある
…という訳で、子ども達をダシにした、このスタイルの漫画に幕を引こうと、私も思い至ったのです。
シャーーーッ
思えばたのしかった事や面白かった事、苦しかった事、たくさんありました。でもこうして我が子達の子ども時代という貴重な時間を、(全てではないけど)記録できた事は、親として純粋にウレシイですね、今……。
まずは
3人の子どもに感謝…
奥様にも感謝…
YURI
ICHIROU
EISUKE
最後までコレの私…
妻
新開氏にも感謝。そして「コブタ通信」および『げ・ん・き』の読者の皆さま…長い間応援、本当にありがとうございました。又、いつか別の形でお目にかかる事もあるかと思いますが、ひとまず……
Bye Bye

あとがき

月刊漫画誌『ガロ』は、白土三平氏の「カムイ伝」の連載の場として、一九六四年に故・長井勝一氏によって創刊された。手塚治虫氏主宰の『COM』と並んで、マニアックで個性的な雑誌であった。私は、カムイ伝第一部終了後の七〇年代、南伸坊氏が編集していた時代の『ガロ』の愛読者だった。その頃の連載記事に「面白主義」というヤツがあって、これがその名の通り本当に面白く、主に赤瀬川原平氏や南氏の、ものの見方や考え方に私は強烈な影響を受けた。今、私は〈面白い方にしか体が動かない〉という体質になってしまっている。自分が死ぬ時、ひとこと「あ～面白かった。」と言って死にたい…などと思ってもいる。

さてこの〈面白い〉って言葉、マジメな日本人の間では〈遊び〉や〈くだらない〉といった言葉の近くに位置付けされているような気がする。反対側に位置した言葉を並べると「〈面白くない〉けど〈勉強〉は〈タメになる〉」という文ができあがる。面白主義者の私としては、これが気になる。遊びはくだらないか？　勉強は本当に面白くないか？面白くないことがタメになるだろうか？…などと思ってしまうのである。

私は現在「おもちゃの専門家」とされていて、たまに講演を依頼されたりもするが、気がついたらそんな肩書きも持っていたにすぎない。ふりかえるとこの十年余、無我夢中でおもちゃや遊びについて勉強してきたが、自分にとって面白いことをやってきただけなのだ。本を読んだり、海外のデザイナーと会ったりしたことも、本当に面白かった。で、結果的にずいぶん勉強になっちゃった訳である。

理想論と言われるかも知れないが、勉強イコール遊びであってほしいと、私は思う。面白いことって結果的にタメになるんじゃないか？とも思う。何を面白がるかは人それぞれ、他人が見て、何をそんなくだらないことをと思われても、自分が面白ければいいじゃん、それで…。路上を観察してトマソンを

発見するなんてのも、全然人の役に立ちゃしないんだけどネ、面白いんだなこれが…。また、人を傷つけたり痛めつけることが面白いって人がいたら、そいつはそれだけの人だなって私は思う。〈面白い〉は人間性なのだ。

さて、そんな具合で面白い方にしか体が動かなくなってしまった私が、子どもたちを記録することが面白く、おもちゃや絵本を紹介することが面白くて描いてきたこの「絵本とおもちゃの日々」も、今ようやく筆を置く時がきた。私は前著『好きッ!』でも書いた通り、今も静岡の百町森書店おもちゃ村（〒四二〇―〇八三九　静岡市鷹匠一―一四―一二　TEL 〇五四―二五一―八七〇〇）で働き、日々面白い方へ、面白い方へと体を動かしている。もちろん、面白いことばかりじゃないのが日常ではあるが…。

この本をお読みくださった方たちに「面白かった」と感じていただければ幸いである。また、読者の方々と今後何らかの形で関わりを持てるとしたら、それが私の人生をより面白いものにしていってくれるだろう。（前著が私の処女出版だったのだが）本を出すことには、そういう面白さもあると、気づかせてもらった。

例によってこの本で紹介したおもちゃの大半はアトリエ・ニキティキ（〒一八〇―〇〇〇四　武蔵野市吉祥寺本町二―三一―八　TEL 〇四二二―二一―四〇一五）に問い合わせていただければ近くの販売店を紹介してもらえると思う。

装丁も前著と同じく酒井智子さんにお願いした。新作を描きおろしてくれたたみえさん、また編集の新開英二氏には前にもまして甘えをきいていただいた。百町森スタッフにも支えられて今がある。ありがとう。

では皆さん、またいつかね…。

二〇〇〇年　盛夏　相沢康夫

リリアン
そんなに
編んで
どうすんの?
エ? うん……
ただ面白くって…

著者紹介

相沢康夫《あいざわやすお》

1955年　静岡県に生まれる
1989年　ヨーロッパの木のおもちゃの店「百町森」勤務
1992年　スイス　Naef（ネフ社）より『Isomo《アイソモ》』発売
1993年　同社より積木『Vivo《ヴィボ》』発売
1994年　エルフ社より『Triamo《ツリアモ》』発売
　『好きッ！絵本とおもちゃの日々』（エイデル研究所）出版
1996年　Naefより『Arena《アレーナ》』発売
1998年　同社より『Via《ヴィア》』発売
2000年　エルフ社より『Bone《ボーン》』発売
　『まだ好き…』（本書）出版

漫画家、おもちゃデザイナー、積み木パフォーマーと、様々な顔がある。遊ぶことと子どもと関わることが大好きな不良中年。

http://www.hyakuchomori.co.jp

まだ好き…　続・絵本とおもちゃの日々

2000年9月1日　初版発行
2006年12月4日　4刷発行

著　者　相沢康夫
装　丁　酒井智子
発行者　大塚智孝
印刷・製本　㈱平河工業社

発行所　**エイデル研究所**

東京都千代田区九段北
4-1-9
電　話　03（3234）4641
FAX　03（3234）4644
郵便振替　00110-1-62265

ISBN4-87168-308-7　C3037